A falta que faz a leitura

(no Brasil que não lê)

Organização

Eliana Yunes

semente editorial

São Paulo, primavera de 2023

1ª edição: outubro de 2023

Editora Semente Cultural Ltda
Rua Ernesto Zuanella, 100 – Parque Continental
São Paulo – SP – Cep: 05.327-060
Tel.: (21) 98207.8535

Coordenação e edição
Larissa Kouzmin-Korovaeff

Edição de textos
Ana Clara das Vestes

Capa e diagramação
Alan Maia

Projeto gráfico
Alan Maia e
Larissa Kouzmin-Korovaeff

Dados Internacionais de Catalogação na Publicação (CIP)
Fabio Osmar de Oliveira Maciel – CRB-7 6284

F197

A falta que faz a leitura (no Brasil que não lê) / Organização: Eliana Yunes.
– 1. ed. – São Paulo : Semente Editorial, 2023.
180 p. ; 23 cm.

ISBN: 978-65-86610-53-6

1. Hábito de leitura. 2. Livros e leitura. 3. Ensaios brasileiros.
4. Educação – Aspectos sociais. 5. Cultura. I. Yunes, Eliana, org.

471-014-23 CDD : 028.9

Índice para catálogo sistemático:
1. Hábito de leitura 028.9
2. Ensaios: Literatura brasileira 869.4

Obra apoiada pelo Instituto Interdisciplinar de Leitura – iiLER
e Cátedra UNESCO de Leitura da PUC-Rio

“

o que me faz correr é sempre o mesmo, uma vontade de saber mais e o de deixar contado às pessoas, nos livros, sabe. Deixar nos livros aquilo que se descobre, porque um livro, com o que contém, pode ser uma fortuna eterna

”

Valter Hugo Mãe

SUMÁRIO

PREFÁCIO

A falta que a leitura faz

Foram dez dias, depois dos acontecimentos do dia 07 de setembro de 2022, durante os quais foi preciso tomar uma decisão e fazer os convites; depois, monitorar a chegada das cartas a um leitor imaginário, revisar, diagramar e publicar o pensamento de 45 pesquisadores que responderam à chamada, nos trinta dias seguintes. Tinha ficado clara A FALTA QUE A LEITURA FAZ, diante daquele Sete de Setembro.

O ato de ler corresponde a uma construção, é verdade, que implica o leitor, uma textualidade como recurso a conectar os homens entre si e com o mundo, pela mediação da linguagem na tentativa — quase sempre vã — de colar uma narrativa à realidade que se pre/concebe. Nem uma, nem outra abarcam o todo, não se fixam, a não ser naquele breve momento, tempo que já escapa, gerando, porém, uma mudança ampla a expandir ações e novas leituras.

De todo modo, é o que de melhor temos ao longo da história: leituras transformadas em narrativas de diversos gêneros e linguagens, tentando expressar o vivido, pessoal e coletivo. Mas como o simples não é simplório, guarda, nas dobras singelas, complexidades imperceptíveis e inominadas a sustentar os possíveis sentidos, e que podem ser contrários e até contraditórios, em águas profundas. Aqui, sendo este lugar de fala o mesmo para todos, resulta que as dissonâncias dos argumentos não contradizem, entre si, os horizontes da leitura: ela é mais bem sinfônica em sua diversidade. As vozes aqui "escutadas com seus olhos" argumentam em favor da leitura de narrativas que vão assomando diante dos acontecimentos que nos envolvem e se nos passam.

Deste lugar, que não é o da elite bem-posta e alienada, nem da massa desvalida manipulável, e menos ainda das mentalidades enrijecidas que carecem de ideologias para expressar o que não têm de voz própria, deste lugar de compromisso com a educação, com a inclusão, com a diversidade, com o respeito, a reflexão cultiva sementes de humanização, que é verdadeiramente o processo de mudança irrefreável que experimentamos — do grão ao pão —, sem que, no entanto, haja garantia prévia de ser bem-sucedida, nem que a história possa recomeçar como tábula rasa a cada século.

Estas leituras curtas e dêiticas do momento Brasil 2022, da perspectiva de quem opta pela partilha e solidariedade, querem ser um marco, um sinal de que estamos aqui e participamos do desejo de uma casa comum, de um mundo justo para todos. De todas as regiões brasileiras, em coro, repetimos que **a leitura faz falta**, pois ela só ocorre quando a interação da palavra com a vida constrói também o sujeito e sua cidadania. Não basta alfabetizar, mas entender que o letramento se estende à construção de sentidos coerente com os valores que podem garantir um bem comum, de integridade e direitos para todos e cada um.

Sem ler, não só a letra, mas as linguagens em diferentes expressões e suportes que reportam ao mundo que a circunda, a criatura humana não se entende, nem ao outro com quem compartilha o espaço e o tempo. A casa é comum nesta aldeia global; enquanto os políticos não se precatarem de que são servidores, de fato, eleitos para qualificar a vida pública, viveremos sustos e apreensões graves e coletivas, à deriva, por megalômanos que se querem mitos.

Esta foi a razão para a Cátedra Unesco de Leitura PUC-Rio/iiLer assumir a convocação a cidadãos, eles mesmos leitores, comprometidos com a leitura e com a formação de outros, para refletirem e marcarem a história deste tempo, com um retrato do que vivenciaram naquela hora no Brasil. Passado um ano da publicação digital, sabendo inclusive da contribuição que deu para a recriação de uma diretoria da leitura na reestruturação do Ministério da Cultura, decidimos imprimir a coletânea, para um acesso maior e memória material daquele mês de perplexidade em 2022.

Urge, pois, ampliar a compreensão do que seja leitura e de como sua falta pode causar danos graves à convivência entre pessoas e povos, como se a verdade fosse única e fruto de ideologias ou de certezas absolutas.

É preciso ler *saída* e entender *saída*; e não ignorar o caminho.

Rio de Janeiro, outubro de 2022, outubro de 2023

Eliana Yunes

1

“

vaga-lumes fugindo assustados com tudo,

a dor das águas, das abelhas e das bibliotecas

”

CENÁRIO – Um dia seco, um dia seco e frio que virou noite, o sol gritando de sangue na manhã e na tarde, que também se fez cinzenta — tudo escuro no país —; botas engraxadas no olhar duro das armas e do ódio, o silêncio assustador da caserna e dos uniformes, os lobos fugindo como podem, fumaça no ar pesado de partículas estranhas, resto do que foi vida, verde e belo, pequenos seres sendo queimados na grande fogueira, entre milhares deles, minhocas, formigas, sapos, pássaros, livros e pensamentos, vaga-lumes fugindo assustados com tudo, a dor das águas, das abelhas e das bibliotecas, a flor enforcada pelo fogo, a lua vestida de um laranja triste, o pedaço de uma asa de borboleta perdida entre as cinzas, único resquício das cores, ninguém procurando pelas andorinhas desaparecidas, ninguém, o grito na ponte com as mãos quase tocando a face, a mata em seu último suspiro, o vento cantando a música da loucura, arsenais do medo entre as nuvens, a mentira falada como se fosse viva, a árvore de olhar tão triste na janela — como se fosse uma moça virgem e morta — paisagem sem vida — o ouro, o vinagre, o ogro, o agro e o agora.*

(Poema do livro *Pequena ópera* — 2022)

Emmanuel Marinho
Dourados/MT, 19 de setembro de 2022

---

* À professora e bibliotecária indígena Cristiane Alves Machado – Kuña Verá Rendy (*in memoriam*), que um dia me disse: "uma escola sem biblioteca não tem alma, a biblioteca é o coração da escola.

2

“

eu precisaria renascer para poder
encarar uma distopia sem leitura

”

Poucas aventuras são mais instigantes do que a escrita. Veio pela nuvem um convite para participar de uma experiência compartilhada sobre leitura. Não para tratar de sua teoria, muito menos de estatísticas — às vezes decepcionantes — sobre o número decrescente de leitores no Brasil. Tampouco para falar de experiências exitosas sobre a conquista de novos leitores (as experiências decepcionantes ficam guardadas no íntimo de nossas conversas ao espelho).

É para, no reverso da história e no modo inverso do espelho, dizer com o peito opresso e os olhos prestes a marejar a falta que a leitura faz. Primeiro e veloz passo foi a consulta etimológica desta palavra tão dolorida, a falta.

Falta de comida, de escola de qualidade, de vergonha na cara, de carinho, de pessoas, de sentimentos humanos altruístas. A falta é sempre um mergulho no contundente, no preocupante, no vexaminoso. Mas vá lá: convite de boas intenções, vindo de mãos generosas e mente afiada é irrecusável. Boto a mão na massa do texto e escondo aquilo que machuca na parte inferior da parte inferior da parte inferior do fundo do cérebro.

Até a origem da palavra falta, em sua etimologia indo-europeia, é obscura. Mas as suas derivações trazem um conjunto de situações e naturezas que se combinam para dizer da distância daquilo que um ser humano de razoável inteligência preza. Senão vejamos esse bando de palavras em nuvem sobejamente pesada: falaz, falência, falácia, falha, falso, falecer, desfalecer, falsete, falível, falsificação. Queremos, em nosso professar, que todas elas tenham em seu formato um redundante 'não' a precedê-las. Nosso desejo é de total negação: não as quero em meu entorno, em meus amigos, dentro de mim.

Falta, proveniente do latim vulgar *fallita*, é forma verbal do verbo *fallere*, que pode significar "enganar, faltar, falsificar, equivocar-se, escapar a algo ou passar despercebido".

De cara, afirmo sem medo de errar: falta e leitura são opostos absolutos. Sua proximidade é a negação do empenho em formar leitores, objetivo maior do trabalho intenso e denodado de muitos de nós.

Em mim, a falta da leitura teria me conduzido (neste ponto, seguro meus dedos para não escrever uma mesóclise tão repudiada quanto correta gramaticalmente!) ao Hades pessoal, ao apagamento intelectual, ao isolamento, a um estado de regressão humana naquilo que reputo de mais significativo: a capacidade de visão múltipla e crítica.

Sem leitura, viva a falsificação! Viva o equívoco! Viva a diminuta capacidade de perceber a vida! Viva o engano e, mais ainda, Viva o autoengano!

No elogio da ignorância, projeto político há tanto tempo vigente no Brasil — e, na atualidade, convertido em dogma —, a leitura não tem lugar.

Sua falta, seu desfalecimento e a falsificação do conhecimento projetam-se em sombras ululantes, em esgares sem lucidez, em falas de fundo falso.

Em antiga marchinha de carnaval de minha meninice, cantava a letra: "pode me faltar tudo na vida: arroz, feijão e pão/ só não quero é que me falte a danada da cachaça!" Quando se chega a um tempo em que até a cachaça falta, além da manteiga e, pior que tudo, do amor, faltar também a leitura é acabar com o carnaval, com a música, com a alegria.

Eu precisaria renascer para poder encarar uma distopia sem leitura.

Talvez o aniversariante de setembro, este país nascido à beira de um riachinho, ouvindo um grito contendo a palavra morte, pudesse renascer para outra realidade menos degradante, mais diversa e múltipla. O riachinho poderia estar lá, mas o grito seria primal, vital, cobrando o direito a pensar. Porque neste, a leitura tem seu lugar. E não é o lugar da falência, mas de vida, "mesmo que seja Severina", como acreditou um poeta que carregava em seu nome o *achamento* da terra até então ignota.

Marta Morais da Costa

Curitiba/PR, 14 de setembro de 2022

3

“

ler para entender os meandros

que as palavras abrigam

”

A caminho de momento decisivo da nossa vida social, ocorre-me lembrar dos versos do poeta Gullar: "no mundo há muitas armadilhas/ e o que é armadilha pode ser refúgio/ e o que é refúgio pode ser armadilha." Assim, a palavra que lemos nos enreda tanto quanto aquela que não lemos; não lemos com os olhos, não lemos com os ouvidos, não lemos com a sensibilidade, não lemos em perspectiva.

Chegamos a um tempo em que é inconveniente buscar a exuberância linguística, a variedade semântica, a sintaxe subjuntiva. Usar linguagem figurada: nem pensar! (O escritor Julian Fuks, que o diga!)*

A mesma palavra que acolhe os avanços do pensamento, refugia ideias que imaginávamos superadas. A seletividade de mentes e corações pode estar obliterada porque deixamos passar a possibilidade de apreender e refletir sobre os muitos subentendidos que tecem os discursos aleatórios, pitorescos, que são armadilhas do aparente imponderável. Que não digam que o uso da linguagem referencial, descarnada, que

---

*(https://www.uol.com.br/ecoa/colunas/julian-fuks/2022/08/27/)

afrontava e afronta a civilidade é de gente como a gente. Não é. A escolha das palavras é um gesto orientado pela sensibilidade ele costuma ser civilizado.

A falta de civilidade com que temos convivido, quase naturalmente, pode bem ser o resultado da preguiça em ler e reler a ossatura da palavra, a fertilidade da literatura. Lá onde a palavra ensina, o refúgio e a armadilha. Ler para entender os meandros que as palavras abrigam. Ler com lentes de realidade aumentada, ouvir atentamente a concha que conserva o som das ondas, que o que ouvimos está nutrido de matéria que pensávamos o tempo havia sepultado.

Falta-nos o exercício de escovar palavras, como sugere outro poeta, o Manoel de Barros. Buscar aquele esgar primeiro da palavra adâmica e suas subsequentes camadas de sentidos. Falta-nos esse exercício arqueológico, que reconstitui a história, aviva experiências, alerta a consciência, constitui o presente, projeta-se no futuro.

A caminho de momento decisivo da nossa vida social, ocorre-me lembrar que, muitas vezes, no ofício de avaliar um estudante relapso, cai-se na armadilha de dar refúgio à sua fragilidade, nega-se o ofício de ler em perspectiva... e se entrega ao futuro o resultado dessa negligência.

A história não se repete e não perdoa. A história pode ser pior. Precisamos escovar as palavras e amar esse ofício, porque desse exercício depende nossa existência e das próximas gerações.

Marly Amarilha

Natal/RN, 17 de setembro de 2022

4

“vivas à lição freireana

da alfabetização político-linguística”

O Brasil está às vésperas de uma eleição para a Presidência da República que tem o atual mandatário como um dos candidatos. Eleito em 2018 pelas sombrias elites econômico-financeiras e pensantes do país, tal senhor, desde o início do seu desgoverno, confirma o que dele já se sabia e se esperava porque sua biografia não engana ninguém a respeito do seu comportamento ético, político, social.

No decorrer destes quase quatro anos de perplexidades protagonizadas por tal mandatário, tornaram-se comuns as amostras de seus mandos e desmandos movidos pelos instintos da brutalidade que, paradoxalmente, a natureza dotou o ser humano; esta mesma natureza que, no entanto, nos dotou de inteligência, razão e conhecimento para vencermos o irascível, e nos humanizar!

Há uma unanimidade na defesa da importância do ato de ler (Paulo Freire) e da falta que a leitura faz para a construção de um conhecimento crítico-reflexivo do mundo e das nossas relações históricas e sociais. Entre nós, o acesso à leitura, ao letramento é garantido quase tão somente às elites, favorecendo, no cenário político, a manutenção das suas visões de mundo e do seu histórico apoio ao reacionarismo. Por isso essas elites sabiam o que estavam elegendo para a Presidência da República em 2018.

Identificaram-se, como continuam identificadas, com seu candidato na exata medida do que ele é quando me discrimina porque sou nordestino, ataca Isaac porque é judeu, escorraça Cássia e Caio porque são homoafetivos, odeia Peri e Iracema porque são indígenas, Damião porque é negro, desrespeita Vera porque é mulher, olha de soslaio a trabalhadora doméstica porque, em sua maioria, é pobre e negra (além de mulher), tem pelo totalitarismo devoção e fé, acredita que as ditaduras representam a salvação para o estabelecimento da ordem e do progresso, vê com desprezo as formas de conhecimento (a Ciência, a Filosofia, as Artes, a Comunicação), etc, etc, etc.

Paralela a essas elites pensantes, sombrias e reacionárias, existe uma população de trabalhadores e trabalhadoras, desempregados e desempregadas que nada, ou quase nada, têm para a garantia de uma sobrevivência de respeito e dignidade. Trata-se de uma massa humana que nada, ou quase nada, usufrui do desenvolvimento que a vida contemporânea oferece; uma grande massa humana que vive sob a indiferença de um mundo globalizado, exclusivo, das elites do capital, de seus ideólogos e guardiões, indiferentes à endemia das desigualdades sociais promovidas pela pobreza.

A essa população para a qual tudo, ou quase tudo, falta, falta-lhe também a educação formal: a que alfabetiza; a que habilita à leitura. A leitura que habilita a pensar, a criticar o mundo, a reinventar nossa história para fazer acontecer a humanização. Essa leitura que interessa, e nos é fundamental. Naturalmente, não é possível defendê-la como um receituário para a superação das contradições e dos conflitos intrínsecos às relações sociais.

A história das guerras, dos totalitarismos e seus protagonistas, das ameaças à segurança das liberdades humanas quase basta como exemplo de apropriação das formas de conhecimento (a Ciência, a Filosofia, as Artes, a Comunicação) para a substantificação do ódio e da barbárie, do planejamento e realização de genocídios, do domínio político-econômico-ideológico entre classes sociais. Não obstante esse contrassenso — que nunca terá solução porque somos seres históricos —, é a leitura, bem entendido, que esclarece, ilumina. Que ilustra a razão.

A falta que essa leitura faz à classe trabalhadora é a falta do referencial teórico que lhe possibilite o argumento, o contra-argumento, a expressão de um juízo crítico-reflexivo contra essas elites e a investigação do mundo histórico que também é seu, mas não lhe pertence porque dele é, estrategicamente, alienada. Alienada das riquezas que produz, dos bens culturais, da sua própria língua escrita e dos múltiplos significados (Vivas à lição freireana da alfabetização político-linguística!) que a palavra recebe em seus usos e nos conchavos ideológicos do reacionarismo.

Aldo J. R. de Lima

Ilha de Itamaracá/PE, 15 de setembro de 2022

5

“saber ler não só as palavras que são ditas, mas também a postura, o olhar, a voz, os gestos”

Estamos em setembro de 2022, plena campanha eleitoral para a renovação da Presidência da República, Senado, Congresso, governos estaduais, lembrando sempre que vivemos em um Estado Democrático de Direito e que é desejável, pelas eleições, que fortaleçamos a democracia e promovamos a justiça social no país. É o que se espera.

Diferentemente, entretanto, do que deveria ser, essa é a situação do Brasil nesse momento: estarrecedora! A começar pelo que presenciamos nas comemorações do bicentenário da nossa Independência promovidas pelo nosso atual Governo. O que vimos no palanque, que em outros tempos era orgulho dos brasileiros, foi a maior demonstração de falta de dignidade, respeito, civilidade, e tudo mais que possa contribuir para reduzir a confiança nas instituições que representam o povo. E patrocinada com dinheiro público! O próprio povo pagou por essa "farra do boi".

Será que os brasileiros se deram conta disso? Será que se sentiram traídos, enganados, usurpados, vilipendiados? Fazer o brasileiro entender o mal que permeia os arranjos políticos em nosso país é o nosso maior desafio!

Viver em uma democracia é difícil pois requer um olhar atento, perspicaz, exige conhecimento e coragem. Essas habilidades nos são brindadas pela educação e pela cultura. Mas... esse próprio povo terá acesso à educação? Como isso seria possível, quando ainda se vive escravizado? Vejo a indignidade com que está sendo submetido nas filas intermináveis desde a madrugada na porta de hospitais, faminto e com frio; mães chorando por não terem o que dar de comer a seus filhos; crianças sendo baleadas pela própria polícia; trabalhadores que não conseguem se deslocar por falta de transporte; assassinos e bandidos sendo aclamados como homens de bem; políticos bandidos declarados candidatando-se a cargos públicos; nossas matas sendo destruídas, mulheres sendo estupradas; a população indígena sob ameaças e ataques; a cesta básica consumindo 70% do salário mínimo e o pior: pessoas não tendo onde morar!

Em nosso país, hoje, não há respeito aos direitos básicos do cidadão garantidos pela Constituição de 1988.

Vivendo esse caos social e econômico, tendo a população que correr atrás todos os dias da sua mínima subsistência, das suas necessidades básicas, que possibilidade terá para o acesso a uma educação de qualidade, democrática e eficaz? Uma educação que possa reverter esse quadro de submissão, escravidão e cegueira?

Contra a cegueira só a educação!

O horário eleitoral obrigatório vai nos fazendo pensar que a democracia não é para qualquer um. Difícil ter ferramentas para saber escolher um candidato com uma proposta que atenda às necessidades do povo, que tenha hombridade, uma vida pregressa limpa, podendo efetivamente nos representar. Para tal, é preciso saber ler/compreender/interpretar as entrelinhas dos discursos, saber ler não só as palavras que são ditas, mas também a postura, o olhar, a voz, os gestos dos candidatos. Enfim, é preciso saber ler para não ser enganado, roubado, diminuído, escravizado.

O Brasil precisa urgentemente ler mais! Ler mais para recuperar a esperança, ler mais para ter coragem, segurança e autoestima. O Brasil precisa ter uma política de leitura comprometida com a mudança do estado de coisas, revertendo de fato o quadro de miséria em que vivemos, recuperando o respeito às leis, às nossas raízes, à nossa cultura, às instituições democráticas, à dignidade humana.

Segundo Antonio Prata, em seu artigo de 11/09/22 da Folha de São Paulo: "Só um impotente, intelectualmente impotente, espiritualmente e fisicamente impotente — é capaz de subir num palanque, diante de uma multidão e gritar Imbrochável! Imbrochável! Imbrochável!"

Também concordo com o cronista quando diz que, se esses nossos governantes tivessem lido meia dúzia de livros, visto filmes ou feito análise, teriam uma visão mais clara da importância da leitura para se chegar a ser um Presidente da República! Alguém mais lúcido, mais conciliado com seu povo e com as instituições que sustentam o regime democrático.

E certamente todos nós, povo desse país que anda tão sofrido, se tivéssemos acesso a políticas públicas voltadas ao incentivo da leitura, teríamos muito mais munição para enfrentar aqueles destituídos de compaixão, insensíveis, com mais coragem, sabedoria e inteligência.

Maria Helena Ribeiro

Rio de Janeiro/RJ, 15 de setembro de 2022

6

“

nada é tão forte como as coisas
que não se veem

”

Afonso Cruz

Uma amiga que trabalhava num projeto de alfabetização de adultos na Amazônia me contou que havia na turma uma senhora que sempre andava no transporte público com livros de literatura abertos sobre o colo, ainda que não soubesse ler.

Daqui, de onde olho este relato, mais do que pensar que ela queria parecer leitora como outra pessoa qualquer, vejo que havia a esperança no desejo de ler. Percebo, ainda, um imenso desejo de SER — ser alguém que quer ser parte, que quer tomar parte; ser alguém que pode decifrar um mundo que se apresenta por escrito e, assim, ir além.

Cada texto escrito guarda em si um autor e uma vida que se abre aos olhos do leitor. Cada texto é uma experiência estética, seja pela "música" que a organização das palavras provoca, seja por suas áreas de sombra, que é aquele lugar onde está o verdadeiro sentido das palavras: o discurso; aquilo que entra sorrateiramente na nossa inconsciência tornando-se consciência, nos constituindo sujeitos e, de maneira imperceptível, muitas vezes, fica.

Em tempos de discursos políticos agressivos, nunca se sentiu tanto a falta da leitura. O que poderia estar lendo aquela senhora que desejava ser leitora de livros diante de um palanque de campanha? Nenhum desprezo pela inteligência de alguém (analfabeto ou que não leia por falta de gosto) capaz de acompanhar discursos, mas tampouco posso desacreditar que ler possibilita refletir para compreender e sentir o que está nas entrelinhas do texto.

Um povo que não lê, especialmente onde a língua escrita ocupa um lugar de poder, geralmente é um povo que não questiona ou desconfia dos discursos de seus políticos, já que não aprende a mergulhar nas profundezas dos ditos e interditos. "Todas as frases são abismos e as mais desinteressantes são as que escondem as suas profundidades de um modo mais tenaz", como disse Afonso Cruz em *O pintor debaixo do lava-loiças* (2019).

Eis, então, a falta que a leitura nos faz no Brasil nesse momento que antecede uma eleição, em que está em jogo a treva do fascismo ou a luz da democracia. Discursos que parecem simplórios mas, muito mal construídos pela fala ignorante, salpicam palavras que fazem efeito dentro do contexto armado, passam despercebidos por muita gente que não está habituada ao texto, com suas sombras e abismos. Discursos que pregam violência, falseados por suas referências à família, à pátria ou à religião, nos deixam violentos, pois o que está na sua sombra não é percebido, ficando os indivíduos sem a menor proteção às mensagens que de fato veiculam.

Mais do que integrar uma nação de pessoas cultas, aquela senhora de livros no colo poderia ser parte de uma nação de pessoas sensíveis, atentas, criativas e habilitadas aos abismos dos discursos, que guardam as sombras daquilo que de pronto não se vê, mas que insemina sentidos que podem ir ao encontro do que cada um tem de pior. Neste jogo, perde-se a chance de constituir um país de fato para todos.

Claudia Medeiros

Rio de Janeiro/RJ, 11 de setembro de 2022

7

"desprovida do instrumento básico de saber ler, analisar, criticar e construir livremente seu próprio pensamento"

O mundo — e nosso país em particular — chegou a um grau tão grotesco de decadência civilizatória que até uma das grandes conquistas das ciências humanas, a noção de tempo na história, parece que perdeu terreno em face à ilusão do poder eterno dos poderosos contemporâneos que nos congela no aqui e no agora, como se o devir do movimento real da sociedade já não fosse mais possível.

O "está tudo dominado", palavras que os detentores do mando oficial compartilham com os bandos criminosos, aterroriza e procura estimular nossa tendência ocidental a nos submeter à culpa misticamente cultivada e a exaltar o endeusamento da propriedade como bem supremo que distingue os "homens de bem" do restante dos seres humanos.

Esses últimos, seres de segunda classe, incapazes, junto com a natureza selvagem, só podem ser subservientes e dominados, na lógica perversa desses tempos sombrios.

Não é por acaso que constatamos milhares de brasileiros ainda aplaudindo o abominável que nos preside. Não vivenciamos apenas um ciclo político social onde os métodos fascistas de governar, hoje travestidos da retórica neoliberal que criminaliza a política e exalta o "gestor eficaz", sejam o centro dos impasses e angústias individuais e coletivas.

Pensando o que muitos identificam como crise civilizatória, crise de valores humanísticos e agonia da democracia, entre outros estudos importantes para a compreensão deste período histórico, reflito que quaisquer que sejam as raízes, e elas são complexas e diversas, estamos colhendo os frutos de fomentar uma sociedade que cultiva a ignorância há séculos e despreza a formação de leitores plenos e críticos.

É a ignorância, na acepção do conceito — a ausência de conhecimento provinda de suas múltiplas fontes —, que torna os cidadãos incapazes de exercer a própria cidadania, de viverem uma vida toda sem afirmar nada. Incapazes até de exercer o erro, pois este também é afirmativo, embora afirme sem razão.

Se hoje existem milhares de mecanismos de manipulação política e controle social, não vejo como eles teriam tanto poder de ocultar a realidade se não tivéssemos uma parte enorme da sociedade envolvida pelo manto excludente da ignorância e desprovidos do instrumento básico de saber ler, analisar, criticar e construir livremente seu próprio pensamento.

José Castilho

São Paulo/SP, 17 de setembro de 2022

8

“para além da melhoria dos níveis de compreensão e manejo das diferentes linguagens, ler é poder”

Que a leitura é uma atividade intelectiva fundamental para o ser humano é indiscutível. Razão por que, desde as duas últimas décadas do século passado, as instituições de ensino, as pesquisas, as publicações científicas, os programas de democratização do livro, a implementação de leis — como a obrigação de construir bibliotecas escolares, etc — tinham como meta elevar o nível da educação brasileira, no que diz respeito às competências de leitura e de escrita. Contudo, sabe-se que, para além da melhoria dos níveis de compreensão e manejo das diferentes linguagens, ler é poder.

Onde a leitura se coloca na esfera do poder? O conhecimento crítico sobre a linguagem na sua relação com a realidade encontra suporte nas concepções de leitura do mundo e leitura da palavra como preconiza Paulo Freire, uma vez que ambas possibilitam o debate, reconhecimento e compreensão da razão de ser dos fenômenos sociais, políticos, concretos que nos dizem respeito.

Esse diálogo incessante, por intermédio do ato de ler, tanto na esfera individual como na coletiva, capacita o ser humano para assumir posicionamentos a favor das liberdades e contra o autoritarismo, do respeito ao outro e contra a discriminação, do exercício da ética como fundamentos de uma sociedade sadia.

Ocorre que, em pleno século XXI, estamos vivendo um momento de "suspensão" dos bens de leitura no contexto brasileiro, seja pelas rasas práticas de ler o mundo e a palavra reveladas sob a ótica fugaz da tecnologia, seja pela incapacidade de muitos para reconhecer a obscuridade de sentidos na escolha dessa rota política que ora atravessa a nação.

Alberto Manguel afirma que ler, quase como respirar, é essencial. Estamos sufocados!

Joseane Maia

Caxias/MA, 16 de setembro de 2022

9

“sem o exercício do direito à leitura e de outros, estamos fadados a normalizar a barbárie”

A falta que faz a leitura no Brasil que não lê. Essa frase pode parecer aos desavisados muito óbvia, pois tem sido ao longo do tempo tema de discussões nos diversos setores políticos, educacionais, sociais e econômicos. Contudo, tais debates não têm tido forças para consolidar políticas públicas de acesso à leitura, haja vista os resultados negativos das pesquisas realizadas por órgãos nacionais e internacionais. Por sua vez, esse mapeamento/cartografia da situação da leitura no Brasil, composto pelos dados quantitativos/qualitativos revelados por essas pesquisas, muitas vezes é "lido" apenas como números, que podem ser silenciados e maquiados conforme os interesses políticos de gestores inescrupulosos.

Todavia, a realidade, nos últimos quatro anos, tem "gritado" a falta que a leitura faz à medida que a nossa história contemporânea vem sendo pautada por *fake news*, com a disseminação de discursos de ódio, que se manifestam, por exemplo, em situações de homofobia, censura e racismo.

Está autorizada uma "leitura" distorcida do mundo, pautada pela normalização do desrespeito ao ser humano, que contraria "a leitura de mundo" preconizada por Paulo Freire, logo, "a leitura da palavra" perde a sua força de transformação social, pois os sentidos da palavra são manipulados e distorcidos em favor de uma realidade paralela e ficcionalizada, que omite e mascara o genocídio ocorrido com a pandemia da Covid-19. A leitura manipulada dessa tragédia indica que se trata apenas de uma "gripezinha" ou de uma "invasão crocodiliana".

Diante desse contexto de horrores, é preciso recuperar a força da "leitura da palavra" para que se possa redimensionar a "leitura de mundo", por conseguinte, reconquistar o direito, entre outras coisas, à literatura, que mobiliza o respeito a nós mesmos e ao outro, dando espaço ao diálogo e à diferença. Sem o exercício do direito à leitura e de outros, estamos fadados a normalizar a barbárie!

Diógenes Buenos Aires

Teresina/PI, 18 de setembro de 2022

10

“

bibliotecas são desmanteladas por todo o país

”

Lemos para viver e lemos para morrer. Não importam as formas de leitura — se lemos o mundo, se lemos o outro ou se lemos a nós mesmos. Apenas lemos, e a ausência desse ato impossibilita a experimentação de toda potencialidade de existir, disponível em vivências que nos chegam por inúmeros canais, suportes e modalidades textuais.

Ler é, portanto, fundamental para estar/ser no mundo, porque nos propicia, inclusive, a reflexão sobre acontecimentos, sentimentos e emoções a que estamos submetidos nesse percurso entre nascer e morrer, o que torna esse ato humanizador.

Há períodos, no entanto, em que essas possibilidades são esmagadas pela brutalidade, como o *bibliocausto* nazista, que precedeu o holocausto e promoveu a destruição de toda obra de escritores judeus. As grandes fogueiras de livros remontam principalmente à Inquisição e ao Nazismo. Em uma única noite, 10 de maio de 1933, integrantes do partido nazista queimaram 12 mil livros na praça conhecida como Bebelplatz, em Berlim, onde hoje há um memorial para abordar o episódio.

A queima de livros continua, porém, sob outras formas. Novas modalidades de fogueiras se apresentam quando uma parte da sociedade exige que certas obras desapareçam, revelando que a censura agora ressurge, inclusive pelas vias oficiais do poder político, e por instituições como família, igreja e escola, por exemplo. Obras são "queimadas" nas redes sociais com o mesmo furor que o eram nas labaredas do nazifascismo, bem como nas hostes do Estado Novo e da Ditadura Militar no Brasil. Bibliotecas são desmanteladas em todo o país, ação que coincide com a multiplicação de armas nas mãos dos cidadãos brasileiros e com a proliferação de clubes de tiro.

Perdemos cada vez mais a percepção de que, com a leitura, entendemos melhor a realidade em que vivemos, ampliamos o conhecimento do mundo, compreendemos crenças, sentimentos e valores do próximo.

Precisamos manter a crença de que, ao estimular a leitura, criamos pontes, desenvolvemos a empatia, a disposição de ouvir e sentir com o outro, ampliando nossa cota de humanidade.

Alice Áurea Penteado Martha

Maringá/PR, 18 de setembro de 2022

11

“

livro é um objeto muito perigoso

”

É tão óbvio: livro é um objeto muito perigoso. Quando cai em mãos erradas (quase todas, aliás) pode destruir reputações, famílias inteiras e até povos e nações. Louvada seja a ideia de quem defende a sua severa taxação de impostos. Existem casos famosos na literatura que só comprovam a regra de que seu poder é deletério. O aficionado Alonso Quijano perdeu tanto a sua razão até o ponto de se transformar no fidalgo cavaleiro errante e sair por aí lutando contra moinhos de vento. E o pobre nacionalista Quaresma...

O que dizer das sonhadoras Madame Bovary e Luiza, que negaram as virtudes do lar, tornaram-se adúlteras e morreram por culpa de suas insidiosas leituras. Em um mosteiro medieval, vários religiosos morreram envenenados porque buscavam por um livro, ou um riso proibido. Há pessoas que sucumbem tanto ao vício que enchem suas casas desses artefatos e não têm vergonha de ostentar suas estantes, expondo suas fraquezas ao mundo, e chegam ao absurdo de presentear até crianças com eles.

E o seu mal maior nem pode ser mensurado, disseminado que estão, os livros, em mãos de professores, que, não contentes com o seu próprio consumo, teimam em esparramar — oh! malditos livros à mão cheia — romances, contos e até, pasmem, adaptações fílmicas em suas aulas. Geralmente, de forma sutil, eles começam a sedução dos jovens incautos com uma simples crônica, um singelo poema, para que não percebam a armadilha em que estão prestes a cair.

Usam até letras de músicas, planos claros de doutrinação libertina. Já se sabe de casos, no submundo das salas dos professores de algumas escolas públicas, da existência de empréstimos consignados e até consórcios para compra de mais livros. Inclusive há registros de alguns amigos-secretos de livros nas confraternizações e de grupos especializados na transmissão de PDFs. Fim de mundo!

Livros só oferecem perigo mesmo! Não vejo vantagens em colocar livros nas mãos do povo. Para que lhe dar oportunidades de sonhar com outros mundos possíveis? Para que enriquecer seu vocabulário se não precisam dessa serventia? Para que lhe dar maus exemplos de liberdade, se a lida é dura? Para que lhe dar o direito de pensar sobre inutilidades, sobre a condição humana? Bibliotecas, clubes de leitura... tudo coisa de desocupados que devemos combater com forças conjuntas. Deus me livre de ter um filho meu frequentando um ambiente desses!

Houve até um tal e qual que andou espalhando que a literatura deveria ser um direito universal... esse povinho que lê já adora falar de direitos, sobretudo de direitos humanos. Em contrapartida, o país deve se unir em torno da isenção de impostos para as armas. Aí sim é uma questão de interesse nacional, como diz aquela famosa frase de um general: "Bendito quem semeia armas e faz o povo se defender"... pois é, ela devia ser repetida todo dia nas escolas, como um hino!

Ao contrário da literatura, que é feita de coisas fluidas e não se sabe aonde pode nos levar, a arma é ferramenta concreta e tem um único fim: a nossa defesa, a da nossa família e a do nosso patrimônio. Será que não entendem que esse projeto é a verdadeira liberdade e justiça social? Os brasileiros deveriam assimilar de uma vez por todas o novo *slogan*: "Ninguém tira a arma da mão de ninguém". Esta é uma questão nacional e está acima dos interesses individuais!

Queimem os livros. Aliás, por primeiro a queimar, há um famoso livro...

É tão óbvio...

Alana Freitas El Fahl

Feira de Santana/BA, 16 de setembro de 2022

12

“

mundo sem verso é mundo sem reverso

”

Como seria um mundo sem leitores e livros? Você consegue imaginá-lo? Seria um mundo mais árido e seco do que um deserto? Mas há vida em um deserto. Há antílopes, dunas que se movem, oásis e cactos, Laocoontes constrangidos por serpentes e isso me lembra Bandeira.

E, ao escrever o deserto, esta palavra que evoca Saara, me assoma imediatamente a lembrança, a experiência do não vivido: a recordação vaga de um rei traído em terras longínquas que decidira matar, todas as manhãs, a mulher com que se deitara na véspera. E, com o Rei Xahriár, vem à memória os véus de Sherazade velando a morte, cobrindo-lhe seu sem sentido pelas palavras, que hoje me chegam por intermédio das finas páginas de um livro que toco, tateio e viro. E, ao desenhar a palavra viro, assalta-me a recordação de um livro ainda mais antigo — aquele deitado sobre o colo da mãe, recoberto de veias ainda indecifráveis ao meu olhar —, de onde saíam mágicas as palavras que me conduziam ao sonho.

Então, como imaginar um mundo sem leitores e livros? Mundo erguido sobre asfalto e cinzentos prédios, de ferozes padeiros do mal, como no verso-alerta de Drummond? Ou ainda, mundo de hirto silêncio de muro/de pano abafando a boca? Mundo sem verso é mundo sem reverso, sem qualquer possibilidade de criação. Nele, inexiste a flor que rompe o asfalto, a palavra que implode o muro.

Então, como imaginar um mundo sem livros e sem leitura? Pois não consigo. Como imaginar, sem o que me gestou, nutriu e alimentou o próprio ato mesmo de imaginar? A falta que a leitura faz é a própria falta. Absoluta. O oco total.

Que falta faz a leitura no Brasil de hoje!

Sylvia Trusen

Belém/PA, 14 de setembro de 2022

13

“

quando a leitura falta, amor não rima com flor, nem atravessamos os sertões

”

Quando a leitura falta, abre-se um espaço que pode ser preenchido por qualquer texto.

É assim que surgem as terras planas, comunismos devoradores de crianças e os mitos vazios.

Quando a leitura falta, fecham-se as bocas que podem responder aos gritos do cotidiano, ao desânimo do desemprego, à tragédia da doença, à urgência das fomes de pão, de cultura, de afeto. Quando a leitura falta, o silêncio se instala.

Quando a leitura falta, a vida embrutece e a realidade não me diz respeito; a política é causa morta e o outro não é problema meu.

Quando a leitura falta, nenhuma imagem, palavra ou situação são em mim um texto que encontra ressonância — não compreendo, não elaboro, não respondo.

Quando a leitura falta, a realidade é apenas o normal, reduzida a um "sempre foi assim e não vai mudar nunca". Sobre ela, apenas existimos.

Quando a leitura falta, amor não rima com flor, nem atravessamos os sertões. A poesia vira letra morta e, a música, um hino marcial para um Deus que nunca se revelou à humanidade da forma que dele se diz hoje.

Quando a leitura falta, o mundo passa a ser ringue de briga entre mocinhos e bandidos, como se as questões que enfrentamos não fossem muito mais complexas. Nesse lugar, não há messias para nos salvar; nem aquele que pregam aos quatro ventos, e muito menos o outro, aquele menor.

Quando a leitura falta, o extraordinário não salta aos olhos, a esperança não vence o medo e os sonhos são recolhidos.

Quando a leitura falta, o Brasil é isso que se vê: gigante deitado caído de sofrimento, cego de horizontes, faminto de cidadania, saudoso de um povo irmanado e, quem sabe, até feliz.

Quando a leitura falta, Quixotes e Emílias não andam dando sopa pelas ruas. Mas lá estão, silenciosamente unindo mãos, acreditando, seguindo... porque lá no fundo, num reino distante mas não perdido, acreditam que há um Brasil que vale a pena porque lê e lerá. Apesar de. Teremos outro dia.

Gilda Carvalho

Rio de Janeiro/RJ, 17 de setembro de 2022

14

“

é na leitura que o espírito
se nutre e se sustenta, gerando
a dimensão humanística

”

Emília, a icônica personagem de Monteiro Lobato, da saga do Picapau Amarelo, dizia que precisávamos de dois alimentos: um para ao corpo, outro para o espírito. Sua sagacidade a levava a tal reflexão. Feijão e arroz cumprem a finalidade para o corpo, mas é na leitura que o espírito se nutre e se sustenta, gerando a dimensão humanística.

Assim é que, infelizmente, os brasileiros na atualidade se ressentem dessa condição. A falta de leitura de tantos cidadãos impede que percebam como falha sua percepção de mundo. Sem juízo crítico, alienados, distantes do exercício da plena cidadania.

O termo leitura pode, muitas vezes, empregar-se de forma alargada, mas aqui tratamos da capacidade que o ser humano desenvolve de tomar contato com uma dada realidade do texto escrito, dela se apropriando, transcendendo-a. E, então, crescendo, se aperfeiçoando, existindo realmente, lendo o mundo, segundo Paulo Freire. O não leitor pode até ser alfabetizado, formado, titulado, mas com certeza terá pouca consciência de seus direitos, de seu país. É, sem dúvida, um oprimido, um marginalizado, porque à leitura se atribui uma função eminentemente homogeneizadora. Se os textos chegarem adequadamente aos leitores, desencadearão um processo irreversível de conscientização.

O verdadeiro leitor não abandona a sua realidade em favor da alheia, mas, ao contrário, engrandece a sua vida a partir da vida presente no que lê. É a essência da leitura. Numa sociedade como a nossa, em tempos tão conturbados, com tantas mentes embotadas, é urgente reconhecer a leitura, sem restrições, como meio essencial para formar cidadãos conscientes e antenados à realidade, com postura verdadeiramente libertadora.

Maria Teresa Gonçalves Pereira

Rio de Janeiro/RJ, 14 de setembro de 2022

15

“uma leitura que vai muito além
de um diploma universitário”

Erramos. Achávamos que ler salvaria a humanidade. Que nos elevaria enquanto coletivo e permitiria a superação das diferenças, do descaso, da guerra. Em 100 anos, nossa taxa de analfabetismo caiu de 64,9% (1920) para 6,6% (2019). Também achávamos que o problema era o analfabetismo funcional. Afinal, 30% dos brasileiros, ainda que possam decodificar o código escrito, não entendem o que leem.

Mas chegamos a 2018 e, então, a esse 2022 e vivemos um retrocesso histórico sem precedentes. “Cidadãos de bem” — médicos, advogados, engenheiros —, pessoas privilegiadas que atingiram os mais altos níveis de educação, levantando a bandeira do ódio, da intolerância e da violência como projeto político. Como, se os índices de alfabetismo melhoraram historicamente? Como, se falamos de pessoas “letradas”?

A leitura faz falta — uma leitura que vai muito além de um diploma universitário.

Nos faz falta a leitura crítica, como nos ensinou Paulo Freire. Não basta decodificar um texto, não basta nem mesmo entender o que um texto diz; é preciso entender as condições sociais, políticas, comunicacionais por trás de cada texto — quem escreve, por que o faz, como e por onde esse texto circula, para quem é endereçado, quais as ideologias em questão. Há muito mais do que uma sequência de caracteres para ser lido. Lemos, mas nos falta a leitura crítica.

Nos falta saber ler imagens. Mas as imagens não precisam de leitura, não é mesmo? Até um analfabeto pode ler imagens. Pois, ao negar à imagem seu status de texto, e ao ato de compreendê-las, o status de leitura, deixamos de conferir à imagem o poder que ela efetivamente tem, e a consequente demanda por uma leitura igualmente crítica. Ainda hoje, a escola não ensina a ler imagens, a ler o audiovisual, a ler os *memes* nas redes sociais. E assim caminhamos a passos largos para a desinformação. Lemos, mas nos falta saber ler imagens.

Nos falta ler literatura. A literatura tem o papel fundamental de nos colocar no lugar do outro, de ver o mundo por múltiplas perspectivas, de experimentar o que é ser diferente de nós. Quem lê literatura é mais empático, nos dizem as pesquisas. Quem lê literatura entende que o outro, seja qual for sua cor, seu gênero, sua opção sexual, sua classe, sua nacionalidade, é um ser digno de amor, e não de ódio. Lemos, mas nos falta ler literatura.

Aline Frederico

Rio de Janeiro/RJ, 15 de outubro 2022

16

“nem todos tiveram a sorte
de contar com a leitura”

O contato com a leitura inaugura uma jornada a partir dos pequenos livros de figuras. Iniciamos nossa própria saga leitora a partir das historinhas cujas imagens passam a representar as coisas e o mundo à volta. Cada figura identifica o entorno com as personagens que criamos e que povoam nosso imaginário. A jornada continua com as histórias em quadrinhos e contos infantis que nos leem ou, já alfabetizadas e alfabetizados, seguimos lendo, buscando nossos próprios heróis e heroínas nessas histórias. E assim vai nossa vivência com a leitura, acompanhando-nos ao longo da vida.

Quando penso no livro, me vem à mente a imagem mental de minha própria biblioteca. Não tenho consciência de tudo que li dessa coleção, mas ela representa a expansão de minha subjetividade. E apesar de não recordar dos conteúdos desses amigos eretos em cada uma das prateleiras, consigo localizar onde estão os autores e os assuntos nesses espaços. Minha biblioteca é a extensão de minha memória. Fico feliz em saber onde está o folhoso amigo, e sei que, quando preciso me ilustrar, ele estará à disposição. Não me recordo precisamente das palavras ou vozes de cada autor que compõem esse universo que permanece dentro de mim. Mas elas continuam ali para serem revividas. São as vozes e as palavras dos e das romancistas, que continuam a nutrir o imaginário em mundos que alcanço somente com a alma.

As vozes da filósofa e do filósofo, que nos fornecem as bases do raciocínio e nos imprimem a lógica e o humanismo de que necessitamos como a água para viver. São as vozes do historiador e historiadora, que apresentam a diacronia da vida, desde a origem até onde chegamos, permitindo-nos tecer considerações para avaliarmos o sentido do processo civilizatório trilhado. As vozes dos artistas, que harmonizam a sensibilidade e a expressão da alma e das emoções mais nobres.

São tantos os autores e autoras e seus campos do saber que se amalgamam nos fólios das bibliotecas que, com certeza, nos absolvem da culpa de não lembrarmos de tudo que nos ofereceram. Assim, nossa consciência reencontra em cada palavra e em cada texto que voltamos a ler os valores éticos, morais, ideológicos e todo o conhecimento que dorme nas páginas desse conjunto que nos foi transmitido ao longo da vida.

Todavia, nem todos tiveram a sorte de contar com a leitura e a consciência da herança e da luz que o livro representa. Defendemos que essa consciência deveria estar expressa em todos os projetos e ações da vida pública e privada como se cláusula pétrea fosse. Não estariam tais projetos e ações reduzidos tão somente a normas escritas. Seria preciso que fossem ações concretas além da vontade política.

Se, ao menos, fizéssemos valer a máxima que prega que Educação não é despesa e sim investimento, e se botássemos na ponta do lápis o quanto este país perde por não garantir o saber da leitura a seus cidadãos, estaríamos gozando de um patamar de vida mais próspero. Impossível não considerar que às vezes nos escapa a consciência de nossa culpa maior, a de que grande parte de nossos concidadãos não tem sido merecedora do legado que nos faz humanos, a LEITURA!

Luiz Antonio Coelho

Rio de Janeiro/RJ, 20 de setembro de 2022

17

“só as políticas públicas poderão transformar o Brasil em um país de leitores”

A consciência da importância de fomentar programas e políticas públicas voltadas para a formação do leitor no Brasil está consolidada. Pesquisas e mapeamentos recentes comprovam a existência de enorme número de projetos com este fim, promovidos por iniciativas independentes, ongs, projetos sociais, produtores culturais, etc, somados ao interesse na construção de planos estaduais e planos municipais de livro, leitura, literatura e bibliotecas que paulatinamente se multiplicam no país.

A consciência coletiva de tal demanda representa um avanço substancial no nosso patamar civilizatório e deve ser compreendida como valor a ser preservado. Chegar até aqui nos custou esforços, luta de muitos, derrotas e vitórias — caminho trilhado por verdadeiros militantes. É preciso dizer que, como sociedade civil organizada, avançamos!

A falta que a leitura faz está entre as tantas faltas que sabemos fazer parte da realidade brasileira, mas, especialmente sobre esta falta, podemos dizer que existe um contingente de guerreiros prontos para continuar na luta, conforme dados registrados em relatórios recentes, com base na quantidade de iniciativas de fomento à leitura espalhados nos quatro cantos do Brasil.

Nos últimos anos, o empenho para destruir o que foi construído é notório. O fechamento do Ministério da Cultura é emblemático e sinaliza que, para alguns, a falta que a leitura faz são palavras vazias. Ter a consciência de que avançamos até chegar ao obscurantismo dos últimos quatro anos e retroceder é um paço fundamental para continuarmos na batalha. Eu acredito que, apesar da grande importância das ações de projetos individuais e da iniciativa privada para formar leitores no país, só as políticas públicas — que têm escala — poderão transformar o Brasil em um país de leitores. E política pública se faz com sociedade organizada, com propostas, "empurrando a porta" da história para abrir caminhos de transformação.

No desespero, na agonia ou na iminência do perigo, a atitude mais eficaz que podemos ter é pedir ajuda. Portanto, os que sabem a falta que a leitura faz, que conquistaram, com persistência, dedicação e trabalho, avanços nas políticas públicas voltadas para o livro, a leitura e as bibliotecas devem, neste momento, se unir para ajudar a salvar o patrimônio que construímos. Não adianta ficar parado e ver a marcha passar; as desigualdades no Brasil estão na base de nossos males, e trabalhar na formação de leitores é uma importante estratégia para combatê-las.

A consciência da falta que a leitura faz é a senha para continuarmos na luta!

Deborah Echeverria

Recife/PE, 19 de setembro de 2022

18

“

uma política pública direcionada para
a democratização do acesso à leitura
e à formação de mediadores

”

Temos três marcos fundamentais e estratégicos para a formação leitora de todas e todos no Brasil, que promoveram e ainda promovem a sua cidadania, a sua emancipação como indivíduo neste país. Em 1992, o Proler — Programa Nacional de Incentivo à Leitura; em 2006, o PNLL — Plano Nacional do Livro e Leitura; e, em 2018, a Lei 13.696, conhecida como Lei Castilho, que institui a Política Nacional de Leitura e Escrita (PNLE).

Porém, nos últimos quatro anos, não foi isso o que vivemos. Nos vemos em um espelho que reflete a imagem distorcida, crua e cruel de um governo que decidiu não construir políticas de leitura. As amarras da ignorância são o retrato da cegueira política e social do nosso Brasil atual.

Vidas de 685 mil brasileiros foram perdidas com a Covid-19. Das 20 principais economias do mundo, o Brasil foi, proporcionalmente, o país em que a pandemia mais matou. A falta que a leitura faz!

O Brasil perdeu 764 bibliotecas públicas entre 2015 e 2020. Em 2015, o país tinha 6.057 bibliotecas públicas, e agora são 5.293, entre municipais, distritais, estaduais e federais. A falta que a leitura faz!

Durante a pandemia, o número de crianças de 6 e 7 anos que não sabem ler nem escrever aumentou 66,3% no Brasil. São 2,4 milhões de crianças não alfabetizadas nessa faixa etária. A falta que a leitura faz!

Já 33,1 milhões de pessoas passam fome no Brasil. Em pouco mais de um ano, a fome praticamente dobrou entre famílias com crianças menores de 10 anos, passando de 9,4% em 2020 para 18,1% em 2022. No Norte, 51,9% dos domicílios com no mínimo uma criança menor de 10 anos tem nível moderado ou grave de insegurança alimentar, e no Nordeste o percentual é de 49,4%. A falta que a leitura faz!

Entre 2020 e 2021, o desmatamento da Amazônia Legal aumentou quase 22%. Na primeira metade de 2022, a área sofreu a maior devastação dos últimos 15 anos, com o equivalente a cerca de dois mil campos de futebol derrubados em apenas 151 dias. A falta que a leitura faz!

O Brasil perdeu três posições no ranking de desenvolvimento humano da ONU que mede o bem-estar da população em termos de renda, escolaridade e saúde. O IDH do Brasil ficou em 0,754, na 87ª posição. A falta que a leitura faz!

As mulheres negras brasileiras estão nos piores marcadores sociais do país. São elas as que representam os maiores índices de pobreza, desemprego e vulnerabilidade socioeconômica, comparado a mulheres e homens brancos. A falta que a leitura faz!

As invasões a territórios indígenas no Brasil chegaram a 263 em 2020, um dos maiores números dos últimos 35 anos. Essa violência ameaça a sobrevivência dos povos originários e a saúde da floresta amazônica. A falta que a leitura faz!

Não chegou a 60% o número de vacinados no ano de 2022 contra doenças que não eram mais vistas no país, como a paralisia infantil, sarampo, caxumba, rubéola e tuberculose. A falta que a leitura faz!

Precisamos de um governo que reconheça a leitura e a escrita como política pública federal, que concretize, que realize a Lei Castilho e a elaboração do PNLL decenal. Uma política pública direcionada para a democratização do acesso à leitura e à formação de mediadores. Só assim poderemos pensar em "Brasil: um país de leitoras e leitores".

Rosália Guedes

Brasília/DF, 20 de setembro de 2022

19

"

é triste pensar quantas gerações

mais não terão essa oportunidade

"

A descontinuidade de políticas públicas de estímulo à leitura no Brasil é uma das grandes vilãs que agravou, com consequências sociais alarmantes, a desigualdade de acesso a informações construtoras para a formação de uma consciência crítica emancipatória e cidadã — aquela que se posiciona de forma ética para si e para o outro.

Como combater esse estado de fragilidade de grande parte da população brasileira? Como debelar a alienação? Como obter e ampliar o conhecimento de si e abrir-se ao mundo com mais segurança, sem ficar à deriva? Eu direi sempre: embora boa parte das respostas que precisamos possa ser encontrada nos livros, por esse motivo mesmo impõe-se cuidar do problema crucial das históricas e cruéis desigualdades sociais que permitem com que uma minoria de cidadãos se sobreponha social, financeira e culturalmente, e manipule os desvalidos.

Garantir acesso democrático à cultura e à educação é uma tarefa do poder público, mas também dos demais atores sociais, visto que a capacidade de ler e compreender é a porta de abertura para a percepção comparativa e para o reposicionamento de ideias restritas. O sábio educador Paulo Freire dizia que a extensão do nosso mundo é a extensão dos livros que lemos. A triste realidade é que grande parte da população brasileira não tem acesso a esse caminho, e não consegue ler nem três livros por ano, segundo os levantamentos estatísticos.

Sabemos que, quanto mais se lê o que diferentes autores expressaram, mais elementos se tem para ponderar o que é bom, o que é ruim, o que faz bem ou mal, e, assim, construir uma trajetória existencial com razoável segurança e autonomia de pensamento.

Convém, por outro lado, lembrar que, embora a leitura enriqueça, não garante virtudes agregadas como ética e caráter, que, como sabemos, são independentes da situação social que uma pessoa ocupa. Por isso, aproveito para ressaltar outro aspecto do conceito de "leitura" que pode ser posto em prática sob formas diferentes, não só no contato com as artes tradicionais, mas em muitas ações simples, cotidianas. "Ler" o outro com aceitação, por exemplo, ou seja, tentar entender o que nos comunica é cumprir uma missão de humanidade. "Ler" um amigo, um familiar, até um pedinte desconhecido que nos aborda na rua, com tolerância e com sensibilidade, deveria ser ensinado na escola!

Para além da formalidade das páginas do livro, mas aproveitando os conhecimentos que absorvemos com eles, este exercício ajudaria a evitar o que desagrega e fragmenta, bem como a compreender as emoções que compartilhamos como seres da mesma espécie.

Assim, o lugar da leitura nos dias de hoje, seja a partir dos livros impressos e digitais, seja pelo que é veiculado em mídias responsáveis, pela palavra ou pela nossa atenção com os semelhantes é o que possibilita a autocrítica e a transformação e, eu diria mais, a capacidade de empatia.

A leitura faz falta porque nos oferece novas perspectivas para crescermos em nossa humanidade, e assim honrar o compromisso coletivo que temos. É triste pensar quantas gerações mais não terão essa oportunidade se a valorização da Educação e de projetos relacionados não forem fortemente cobrados como ação obrigatória e prioritária para todos os políticos eleitos nesse país.

Sylvia Cyntrão

Brasília/DF, 16 de setembro de 2022

20

“

no espectro pobre da leitura em duas cores, não existe variação válida

”

Em preto e branco: um brasileiro entra na escola. Se tiver sorte, aprenderá as figuras de linguagem, as conjugações verbais e como encontrar um adjunto adverbial. Se houver biblioteca na sua escola, no meio das caixas guardadas, encontrará livros didáticos e alguns poucos livros da literatura brasileira, que ele fingirá ler para a verificação na prova. Após alguns anos, escreverá razoavelmente, saberá decifrar os sinais de trânsito e acompanhar o preço da gasolina. Talvez se sinta aliviado e um pouco orgulhoso por ter cumprido o que se esperava dele.

Na vida, lê sem muitas dificuldades os jornais, não os impressos, que esses não estão mais na esquina, mas aqueles que o mundo digital traz para o celular.

Compreende alguns termos difíceis, sabe que as notícias podem vir de agências e países diferentes. Mas sua leitura acontece como nos antigos aparelhos de TV, quando, apesar do cenário mais colorido, tudo se apresentava em modo preto e branco.

Ele lê para categorizar, em duas caixas separadas, o que é aceitável dentro do seu mundo. Um texto que causa suspeita e que lhe parece meio cinza, não merece a caixa da aceitação. É muito arriscado. Poderia contaminar as ideias que ele procura, com grande esforço, preservar em termos congelados: família, propriedade, Deus, pátria.

Os vídeos, as músicas, os filmes também são rapidamente lidos para serem separados: alguns possuem o mesmo tamanho da caixa. Aqueles que não cabem, exagerados, disformes, devem permanecer longe, exilados de qualquer contato. No espectro pobre da leitura em duas cores, não existe variação válida. Só existem dois formatos possíveis, como antigos moldes de ferro.

Um brasileiro sai da escola. Na caixa escura, desce uma hermética tampa sobre palavras que insistem em sobreviver: liberdade, democracia, coletividade, igualdade de direitos.

Flávia Aninger de Barros

Feira de Santana/BA, 16 de setembro de 2022

21

“

ampliar a capacidade de desvendar o real e diagnosticar as questões que atingem a vida de cada um de nós

”

Lembro muito bem da minha redação no vestibular para o curso de Letras da UFRGS em meados da década de 60 do século passado. O tema indicado nos desafiava a discorrer sobre a importância da leitura, justamente quando Paulo Freire se esforçava para alfabetizar o povo brasileiro. Escrevi sobre a necessidade da participação de todos para a construção de uma democracia sólida e, para isso, da importância fundamental do domínio da escrita por todas as camadas sociais. Saí satisfeita da sala, certa de que tinha bem articulado minhas ideias.

Já se passaram quase seis décadas e as minhas ideias restaram apenas no papel. De lá para cá, o país andou aos "trancos e barrancos", como dizia Darcy Ribeiro, e todos os movimentos em prol da leitura foram pontuais. Mesmo depois da redemocratização, ótimos programas voltados para a formação de leitores e a distribuição de livros literários para as bibliotecas escolares, como o Proler, o Pró-Leitura, o PNBE, entre outros, não garantiram a continuidade como se propunha.

Em outras palavras, políticas para a educação e a cultura não tiveram condições de progredir. Ou melhor, "seu fracasso foi um sucesso muito bem planejado", como insistia o estudioso.

Os avanços estatísticos em termos de alfabetização que as tabelas sugerem não dão conta de um aspecto essencial — a interpretação e, sobretudo, a interpretação literária. Se decodificar o código e chegar à compreensão dos significados de palavras e frases diz respeito a uma leitura imediata e literal, atingir um nível simbólico e metafórico, descobrindo relações de sentido complexas, é ampliar a capacidade de desvendar o real e diagnosticar as questões que atingem a vida de cada um de nós.

Só assim podemos entender o passado, interferir no presente e projetar um futuro melhor para as novas gerações, valendo-nos do conhecimento, da criatividade e do senso crítico.

É este o impasse que vivemos hoje: o exercício da liberdade de acesso à literatura, à arte, à cultura em geral e também à ciência está obstruído e ofuscado. As sombras da involução chegam a patamares que a jovem candidata à universidade jamais imaginou. Urge mudarmos esse quadro e começarmos a reconstruir o Brasil sonhado para todos.

Vera Teixeira de Aguiar

Porto Alegre/RS, 17 de setembro de 2022

22

"

leitura como algo muito maior que reconhecer palavras e frases, mas saber interpretá-las e dar novos frutos

"

Sempre escuto essa pergunta: — Como a leitura chegou na sua vida?

Eu digo que ela chegou pela palavra dita, a voz da mãe e do mundo que veio trazendo para mim uma cesta de sementes colhidas que eu precisaria plantar para colher. Ler, do latim *legere* — que pode também significar colher, recolher, escolher —, me remeteu para leitura como algo muito maior do que reconhecer palavras e frases, mas saber interpretá-las e dar novos frutos. Jogar a semente na terra era fundamental pois "o grão de trigo que cai na terra, se não morrer, fica sozinho, mas se morrer, dá muito fruto".

Os frutos da leitura, que nasceram em mim com as histórias que ouvi e vivi, com olhos de ver e ouvidos de ouvir, foi me construindo como leitora desse mundo que começava a conhecer e, com o tempo passando depressa, jogando as sementes, acabei por vê-las florescer. Aprendi a ler o mundo e, como no jogo de xadrez, a saber a hora de cada jogada.

Perder e ganhar fazem parte das leituras sempre... ilusões e encantamentos.

Me lembro bem que foi na biblioteca da escola o encontro com o livro de papel que marcava em mim meu primeiro amor — *João bolinha virou gente* —, e eu amei tanto aquele livro que não queria devolver, vivia com ele uma experiência de leitura e achava que poderia tê-lo para sempre.

Lia em voz alta, lia em silêncio, lia em qualquer lugar e o reli várias vezes... tantas que o tempo de devolver passou e eu aprendi ali a dureza do castigo. Mas não me fez desistir de querer ler mais e mais! Fui vendo a árvore crescer, a escola ficar para trás, deixei nela tantas leituras, tantas saudades que contei sobre ela em muitos contos que escrevi... emoções que me fizeram acreditar que seria o que sempre sonhei ser: uma professora, uma escritora, uma bibliotecária, uma contadora de histórias...

Depois da escola, veio a universidade, que me fez repensar tudo isso — a leitura, o mundo, a biblioteca, a sociedade. A biblioteca como uma porta do armário de Nárnia que leva o leitor a ver e viver o impossível e o improvável.

Saí da universidade buscando um encontro, queria ser abduzida por uma história que me ajudasse a colher os frutos, e também distribuir, e nesse caminho encontrei pessoas que, como eu, acreditavam no sonho, na história sem fim, em grandes transformações pelo que o ato de ler apontava em minhas leituras. Me juntei a um grupo de gente entusiasta, que fazia um lindo trabalho: era o início de tudo — o Proler, dos anos 1990, os saltimbancos da leitura. Não eram quatro, eram muitos e viraram milhares, talvez milhões! E até hoje as árvores existem com suas raízes e produzindo frutos.

Então, a leitura representou uma semente que virou árvore na minha vida, ampliou meu mundo simbólico, desenvolveu em mim a capacidade de interpretar as palavras lidas e me fez mais crítica e criativa. Mas sabemos que nem para todos essa possibilidade existe e existiu. A família, muitas vezes, não teve acesso e, assim, não pode compartilhar.

Quando chega a hora da escola, a esperança se renova e esperamos que isso então aconteça, que a leitura prazerosa chegue pelo ouvir e depois pelo ler sozinho, para mais tarde conseguir compreender os discursos, saber completá-los, descobrir o que de fato aquele texto ou aquela fala pretende dizer.

Há falta de políticas públicas que consolidem isso, que trabalhem na base no início da aprendizagem para que não cheguemos capengas nas universidades. Precisamos de espaços sociais de compartilhamento de ideias e de saberes, como bibliotecas que se assemelhem a um paraíso, assim como disse Borges.

Não podemos deixar de dizer que há muito tempo vem sendo suprimido esse direito, e que vamos vivendo a consequência disso a todo instante de nossas vidas. Hoje vivemos a gravidade do problema.

Precisamos parar e colocar as peças do tabuleiro em seus devidos lugares, para que o jogo possa continuar e possamos de verdade vencer. Penso ser um trabalho de muitos, quem sabe de todos.

Nós que amamos a leitura, no início, queremos tanto ver logo os frutos, as flores... mas, com o tempo, aprendemos que primeiro a árvore tem que crescer para baixo, para fincar suas raízes e depois vem o resto: as folhas, flores e frutos.

É tempo de plantar e também de colher. Eu continuo adubando a terra e acreditando.

Lúcia Fidalgo

Rio de Janeiro/RJ, 17 de setembro de 2022

23

“

se aprende a ler as letras para ler o mundo,
para aprender a ver o sentido de tudo;
as palavras vêm grávidas, repletas de
significados…

”

Francisco Gregório Filho

Quando eu alfabetizava, em salas de 25 a 30 crianças, lá pelo meio do ano a maioria estava quase lendo. Iam para as férias e voltavam um pouco mais "preguiçosos", mas, entre agosto e setembro, já estavam lendo. No entanto, uns cinco ou seis alunos pareciam que não iriam conseguir... eu ficava ansiosa e, mesmo ouvindo das alfabetizadoras mais velhas que sim, que eles conseguiriam para não "ficarem de ano", eu insistia disciplinadamente, fervorosamente, até o momento em que algo acontecia e a magia da leitura começava a fluir.

Eu demorei a entender que tudo estava interligado. E mais tarde tive um clique me dando conta de que a leitura é algo maior, que, naquele ato de alfabetizar, estávamos apenas iniciando, sensibilizando para algo que ia muito além, mas eu não sabia aonde.

Minha caminhada de leitora começou em casa, foi estimulada pela família, seguiu na escola, ampliou na universidade de Artes Cênicas, mas este entendimento só ocorreu ao me encontrar, já nos anos 1990, com o Proler

— Programa Nacional de Incentivo à Leitura, onde ouvi a frase que abre este texto.

Tudo isso para falar que nunca esperei viver esse momento tão "analfabeto", tão ausente de leitura, próprio do tempo em que vivemos no nosso país e, em certa medida, no mundo. A mesma força que impulsiona a sociedade contemporânea para entender e acolher as novas pautas sociais — os empoderamentos gerados a partir das mulheres, dos debates de gênero, da juventude, dos recortes raciais, das periferias e dos imigrantes — parece também ampliar a adesão ao obscurantismo de comportamentos fascistas, violentos, destrutivos, reacionários, individualistas, que em nada colaboram para tempos melhores.

A sociedade está ausente e carente de leitura, de ampliação de repertórios humanos e sociais, de subjetividade para entender o campo prático de ações que podem levar a uma nova rota democrática e livre. Ler e compreender o tempo é primordial e tudo está ligado! Estamos em um momento de escolhas, momento de entender que precisamos lutar pelo fim da barbárie, por ideias e ideais que possam amenizar os passivos sociais e, assim, poder refundar novos pactos culturais, que ajudem a reencantar o país para uma nova rota.

Precisamos de leitura de poesia, de ficção, de romance, prosa, verso, crônica, de imagens e performances; precisamos recriar espaços formativos disruptivos para voltar a ler as palavras grávidas; precisamos de contadores de histórias que nos ajudem a narrar nosso tempo, que nos inundem de emoção e nos façam acreditar que a vida vale a pena se não formos pequenos. Precisamos voltar a ler palavras e por/com elas ler o tempo, ler o mundo. Isso não é uma utopia, isso é possível! Não tenhamos dúvida, vamos optar pela vida, esta é a melhor escolha, sempre!

Karla Martins
Rio Branco/AC, 18 de setembro de 2022

24

“ser leitor é perigoso, quase que uma ameaça; pensar anda incomodando”

Durante mais de vinte anos trabalhei com adolescentes do Ensino Médio. Mais do que minhas atribuições formais, ensinar língua portuguesa e literatura, meu compromisso era o de formar leitores. Por quê? Porque leitores são competentes em tirar suas próprias conclusões, são donos de suas leituras. Leitores interagem e interferem em seu cotidiano, mudam caminhos, tomam suas próprias decisões e são senhores de suas escolhas. Nos tempos em que hoje vivemos, ser leitor é perigoso, quase que uma ameaça. Pensar anda incomodando. Por isso mesmo esse é um trabalho que se faz urgente.

Formar leitores é formar cidadãos, é contribuir para uma sociedade plena e livre, em que cada um seja sujeito de suas escolhas e motor de transformações pessoais e sociais. Isso pode assustar muitos, principalmente os que querem doutrinar, determinar caminho uniforme e exaltar o uníssono. Leitores capazes de ler o mundo, avaliar opções, mudar rota não se submetem a imposições autoritárias, são livres para ser e agir. Por essa razão incomodam, perturbam aqueles que guardam intenções arbitrárias.

A leitura e seu poder libertam, uma vez que garantem ao leitor a possibilidade de pensar, refletir e escolher. Sempre disse a meus alunos que a arma mais democrática de que dispomos é a língua. É com ela que construímos argumentos, que nos defendemos dos falsos que se levantam, que nos apresentamos como indivíduos que, por decisão refletida, escolhem seus caminhos. No discurso nos construímos cidadãos e marcamos nossa posição diante dos que ameaçam nossa liberdade e direitos, mas só o fazemos a partir da leitura atenta do mundo e das palavras que nos rodeiam, em narrativas múltiplas. Escolhas só o são quando fruto de reflexão e compreensão profunda da realidade em que nos inserimos.

Por isso o saber assusta. Por isso a leitura é mantida encarcerada como "produto" supérfluo. A quem interessa manter tantos sob a neblina da ignorância? Muito mais fácil conduzir rebanho, incapaz de reconhecer sua força, do que lidar com argumentos daqueles que sabem de sua potência.

Façamos, portanto, valer a força da transformação. Sejamos leitores, formemos feitores, não seguidores, mas indivíduos capazes de decidir seus caminhos por escolha consciente. Toda a minha vida profissional foi, é e será dedicada a esse objetivo: formar leitores que, livre e conscientemente, possam gerar transformação.

Não me arredo, nem me arrependo dessa escolha. O mundo livre, tolerante, diverso e inclusivo só será possível se conduzido por aqueles que pensam e agem sob suas próprias escolhas, geridas pela reflexão a partir do conhecimento. Fora isso, só resta o eco de palavras de ordem, tantas vezes vazias diante da realidade que nos rodeia.

Pode parecer diletante falar de leitores e de leituras quando há fome. Bom lembrar, porém, que projetos que levam à desigualdade se instauram quando não há reflexão. Sejamos leitores, formemos leitores, para que jamais voltemos a ser conduzidos para escuros desvios em nossa história, para que não tenhamos mais a fome do corpo nem da vontade. Para que sejamos um povo livre e senhor das suas escolhas.

Ler o mundo transforma a vida.

Denise Ramalho

Rio de Janeiro/RJ, 17 de setembro de 2022

25

“

a dificuldade dos estudantes com as leituras implica a tensão entre letra e mundo

”

Diante do público leitor, a leitura tem que assumir sua legitimidade para lidar com a linguagem da sociedade e não cair na cilada da construção social da realidade. Se não vamos 'construir' ou 'fabricar' notícias, será o caso de dar valor à leitura e leitores, porque "*we didn't say journalists fake the news, we said journalists 'make the news'*",* como indicou Michael Schudson.

Mas há resistências a entender que o dito e o escrito não valem o que pensam neste país os 213 milhões de habitantes que se integram à soma dos mais de 300 milhões de falantes nativos de língua portuguesa distribuídos em nove países e um território, sendo a quarta língua materna mais falada no mundo, antes que o francês, o russo e o árabe juntos. Em outubro de 2014 esta língua portuguesa cravou seus 800 anos assinalados pelo testamento redigido por D. Afonso II (1185-1223), terceiro rei de Portugal, considerado o primeiro registro oficial em português.

* "Não dissemos que os jornalistas falsificam as notícias, dissemos que os jornalistas 'fazem as notícias.'" (tradução livre)

Jürgen Habermas, do alto de seus 93 anos e considerado 'o filósofo vivo mais influente do mundo', discípulo de Adorno, sobrevivente da Escola de Frankfurt e que mantém mão de ferro em seus julgamentos sobre as questões essenciais de 'hoje', é dos que chegaram à conclusão de que "não pode haver intelectuais se não leitores". Esta fala apareceu no jornal El País desta semana e, ao que parece, sem chamar a atenção de públicos leitores.

A leitura ainda sofre com pouca valorização diante da extensão da noticiabilidade no universo da comunicação, sem papel produtivo na recepção do noticiário. Por ter trabalhado alguns anos no Jornal do Brasil, cruzando a redação do período das máquinas Remington e Olivetti ao processo de informatização, lia com fervor o noticiário que estendia as leituras do mundo dos seus articulistas, como registraram Belisa Ribeiro em *Jornal do Brasil, história e memória* (2015), e Cezar Motta em *Até a última página, uma história do Jornal do Brasil* (2018).

O conteúdo da leitura chega para o analista do discurso apresentada na linguagem, onde ela é som, letra, espaço, dimensão direcionada e material bruto, mas também espaço significante. A dificuldade dos estudantes com as leituras implica a tensão entre letra e mundo, sem entenderem as responsabilidades postas no seu cotidiano que demandam conhecer as diferentes versões dos acontecimentos; e por isso a leitura passa a ser vista como negativa, enfadonha, desestimulante e monótona.

A leitura mostra que problemas essenciais nunca são parceláveis e, cada vez mais globais, afetam os problemas particulares, que só podem ser pensados em contextos complexos de leitura. O conhecimento progride não tanto por sofisticação, formalização e abstração, mas pela capacidade de ler, contextualizar e englobar. A leitura de conteúdos diversos alarga os horizontes e amplia as possibilidades do sujeito pela expansão de seu conhecimento, desenvolvimento intelectual e de sua visão de mundo, fortalecendo as convicções pessoais, a capacidade de argumentação e manifestação de opiniões com domínio de um vocabulário adequado.

Todo este longo introito para dizer que o quadro social e político do Brasil de hoje, atravessado por *fake news* e pela precariedade leitora de extensa parte da população, afastada da educação e cultura, está levando o país à beira da ruptura da vida civil co-habitável nas diferenças e pela dignidade e respeito.

Antonio Carlos Ribeiro

Rondônia/PA, 11 de setembro de 2022

26

“

em outras palavras,

um povo que não lê é massa

”

Afirmar que ler é mais do que simplesmente decodificar o signo linguístico é, certamente, lugar-comum. Afinal, há muito já se sabe que ser alfabetizado ou mesmo graduado em uma faculdade qualquer não nos garante uma compreensão crítica do ato de ler. Apesar de tal entendimento já estar consolidado entre aqueles(as) que lutam pelas políticas públicas de leitura, essa condição leitora, especialmente no contexto atual, parece cada vez mais distante da grande maioria dos(as) brasileiros(as).

Basta darmos uma olhada rápida nas redes sociais para observarmos a proliferação de mensagens falsas circulando em velocidade impressionante, a aceitação fanática de heresias proferidas por pessoas que se dizem ungidas pelo Espírito Santo, a distorção de textos legais e sagrados com a finalidade de defender interesses privados, etc. Tudo isso circula em demasia, tornando-se verdades e certezas absolutas, sem nenhum tipo de senso crítico.

Aliás, em tempos de *fake news*, a frase mais banalizada é: "A verdade vos libertará." É evidente que o problema não está na frase em si, mas na incompetência leitora de quem a ouve da boca de um farsante e acredita ser ele um ungido de Deus.

Salvo melhor juízo, a estratégia da disseminação de mentiras não me parece ser uma criação dos grandes marqueteiros das campanhas político-partidárias. Não. Estes simplesmente a utilizam por terem a consciência de que a alienação e o fanatismo são marcas garantidas de um país que não lê. A ausência de políticas públicas, voltadas para a formação do leitor, produzem uma incompetência em compreender e interpretar o que está por trás das mensagens que circulam pelos diversos meios de comunicação.

Ou seja, sem leitores competentes e críticos, é fácil ludibriar as consciências e estabelecer a polarização do isto ou aquilo. Em outras palavras, um povo que não lê é massa e, assim sendo, garante-se a aceitação passiva de fórmulas simples e de certezas que produzem fanatismos. E este é o retrato exposto da nossa condição política.

Não há democracia sem povo leitor. E ser leitor é ter uma compreensão crítica da complexidade humana e do mundo que o cerca, é construir novas histórias a partir das interações e inserções de vozes diversas, é cuidar cotidianamente da delicadeza no diálogo com o outro, é romper com as amarras de um patriotismo hipócrita, excludente, violento, alienante. Para tanto, é preciso coragem para questionar as certezas e as falsas verdades, pois quem duvida fica mais sábio, torna-se leitor. A ausência dessa coragem é, consequentemente, ausência da leitura.

E esta ausência tem nos feito uma falta enorme.

Silvio Carvalho

Salvador/BA, 18 de setembro de 2022

27

“

sabe-se que o desafio no 3º milênio

é o acesso à leitura e à informação

”

Desde Alexandria, atravessando séculos e séculos de metáforas, histórias e diferentes culturas que povoam desde sempre o reino da ficção e do pensamento, vivemos o sonho mítico de salvaguardar os tesouros da criação humana. Por isso, ao longo da história das civilizações, foram criadas as bibliotecas públicas, que, entre povos civilizados, têm sido investidas de recursos e de inovação tecnológica a fim de que cumpram dignamente sua função social e civilizatória.

Sabe-se que o desafio no 3º milênio é o acesso à leitura e à informação, e a revolução pelo conhecimento. O livro e a biblioteca cumprem um papel imprescindível na difusão cultural, pois promovem intercâmbio de experiências, descobertas e valores indispensáveis à construção da vida social e cultural de um país. Como prática social, a leitura não apenas possibilita descoberta e prazer, mas também promove o direito ao pensamento livre e analítico bem como a formação da cidadania, criando condições e oportunidades para seu pleno exercício.

Nesse momento decisivo por que passa nosso país, em que estamos prestes a exercer nosso dever e nosso direito cívico de eleger nossos representantes, em que somos todos desafiados a ler a nossa contemporaneidade, a reler o nosso passado histórico e recente, a indagar os acontecimentos que tanto nos causam perplexidade, cabe-nos buscar compreender que políticas públicas têm sido criadas nas esferas da vida educacional e cultural em favor do desenvolvimento, da dignidade humana dos cidadãos e da democracia.

Há no Brasil uma política pública clara, bem definida, de promoção da leitura e de valorização de profissionais e instituições de educação, cultura, ensino e pesquisa? Há um programa de governo pautado na ética do respeito, da dignificação do homem e da cultura, da liberdade de expressão e da criatividade, da justiça social, com oportunidades iguais para todos? Tem sido o saber acumulado historicamente colocado a serviço da vida? Quais têm sido ou poderão vir a ser as consequências dos radicais cortes de investimentos nos campos da educação, da cultura e das pesquisas científicas?

Por que nos indagamos sobre a falta que a leitura faz? Em seu sentido amplo, como exercício contínuo e permanente de cidadania, como modo de interpretação da complexidade da vida social, a leitura permite às pessoas compreenderem mudanças e omissões políticas que determinam sua vida. Ao lermos os acontecimentos, compreendemos as escolhas que determinam a vida e o destino de nosso país, contribuindo para a construção de sua história.

Cada vez mais a leitura faz falta como desafio à capacidade do ser humano de pensar sua condição e atribuir sentido aos fatos, para escolher e decidir, para definir o destino de seu país. O Brasil clama por bons leitores!

Rita de Cassia Maia

Vitória/ES, 18 de setembro de 2022

28

"em suma, ler para entender a

diversidade que este mundo abarca"

São 27 anos desde que trabalhei, por menos de dois anos, na Casa da Leitura, sede do Programa Nacional de Incentivo à Leitura, o Proler, no Rio de Janeiro, e vi minha vida tão absolutamente transformada.

Muitos anos depois, na Bahia, já como docente universitário em várias áreas do conhecimento, fui entender, de maneira ampla, o que aquele trabalho, com e pela leitura, trazia especificamente.

Nada de reforços ao letramento e à alfabetização; nada de ler dinamicamente um texto com rapidez, ganhando-se no tempo que vale dinheiro; nada de exercícios para melhorar a oratória e a desenvoltura em público. Nada, decididamente nada de objetividades.

Precisamos ler, decente e dignamente, para captarmos, com a máxima precisão, os discursos que nos cercam, as manipulações que a palavra e todas as expressões, por tantas linguagens, produzem; em suma, ler para entender a diversidade que este mundo abarca em seus universos.

Por isso, o texto literário era o foco de nosso trabalho. Porque ali estavam os universos de nossa condição humana;

ali, a injustiça, a incerteza e a dúvida que pairavam sobre ser ou não feliz, e por que se concretizavam no apelo ficcional sempre — ironicamente, a ficção traduzindo a realidade, a ficção como registro documental das diferenças, a ficção na tentativa de reorientar nossa humanidade real e perdida.

Porque no fundo, no fundo, em um ser humano "antena da raça", escritor, artista, criador sobrevivem, como tatuagem para sempre, o que nos designa humanos.

Neste momento brasileiro em que a desumanidade campeia em tantas ações, palavras, frases inteiras aterradoras, nas bocas de quem nunca poderiam ser ditas, mais do que nunca a leitura precisa voltar.

Como política pública da Cultura, também do seu braço, a Educação, política de Estado, não de governo, para ficar, para se perpetuar, efetiva no labor incansável de formar o cidadão consciente do que percebe, escuta, vê e lê. A cidadania de um país agônico clama por leitura.

A falta que faz a leitura...

(ou da urgência de sairmos logo deste buraco em que nos metemos...)

Sérgio Rivero

Salvador/BA, 20 de setembro de 2022

29

“

a leitura faz muita falta numa era

em que a informação chega

rápida e falseada

”

A obra do escritor português José Saramago é sabidamente um patrimônio literário da humanidade. Sua capacidade de ser concomitantemente lírico, satírico e irônico rendeu-lhe o Prêmio Nobel de Literatura em 1998. Em seu legado, destaco a obra *Memorial do convento* (1982), em que magistralmente narra a história do amor coeso e incondicional entre Blimunda de Jesus (Sete-Luas), uma jovem com o dom de "ver por dentro" as pessoas, e Baltazar Mateus (Sete-Sóis), o jovem soldado maneta, abandonado depois de ter perdido a mão lutando na Guerra da Sucessão Espanhola.

De parelha a esta narrativa, Saramago, como um farol, dota o olhar dos leitores com lentes de criticidade bastante pronunciadas, para vislumbrarem a exploração humana, as injustiças e a truculência que acometeram trabalhadores obrigados a construírem o Convento de Mafra carregando uma pedra de dimensão descomunal por longa distância, para atenderem aos caprichos de uma rainha cujo rei fizera uma promessa para que ela lhe desse herdeiros, sucessores de seu trono patrimonial.

Ler bons textos de modalidades várias faz falta. Sem a leitura, processo individual, social, político, cultural e catártico, não conseguiríamos ler a nós mesmos como se num espelho; o outro e seu olhar; ler no humano todo e qualquer traço do bem e do mal e do bem que se entrelaça ao mal; na natureza os sinais de que (não) a respeitamos; ler nas crianças a alegria das brincadeiras de bolha de sabão ou o sofrimento que as leva à fome, ao frio, ao abuso e ao desamparo; ler no idoso suas relevâncias e carências; ler no diferente o respeito por sua identidade.

A leitura faz muita falta numa era em que a informação chega rápida e falseada, numa avalanche de *fake news* e *factoides* que desinformam e matam, como pudemos infelizmente atestar nesta pandemia de Covid-19. Ler faz falta para atribuirmos sentido à realidade, que, na atual conjuntura, é inóspita em amplos sentidos, sobretudo numa sociedade de moeda fraca e economicismo desumano, que engendra desvalidos obrigados a carregarem folhas-pedras-descomunais para que os mais abastados continuem vivendo de renda ou possam porventura construir impérios-imobiliários-de-conventos-de-mafra.

A falta que faz a leitura é a de não vislumbrarmos, por analogia, no metalúrgico que perdeu seu dedo na máquina operária o soldado maneta sonhando com sua passarola, ambos visionários de/por uma sociedade mais humana e igualitária, sobretudo no que se refere aos direitos e aos deveres das pessoas.

Silvana Augusta Barbosa Carrijo

Catalão/GO, 18 de setembro de 2022

30

“na leitura, me vi sujeito deste mundo,
capaz de construir minha história”

Imagina só um país em que a população reduzisse ou deixasse de ler. Pense! Como seria se cada pessoa construísse o seu ponto de vista a partir de um único olhar, ou do olhar de seus pares, sem diálogo, sem partilha? Onde não há diálogo, há o individualismo, a autoridade e o autoritarismo. Sem partilha, apenas poucos são sujeitos das decisões e conquistas, e muitos acabam por se sujeitar a estas.

Hoje, em meio a tantas possibilidades de acesso à leitura, como seria o homem sem o alimento da alma que nos projeta a diferentes vivências? Pelo caminhar dos personagens, das palavras e das narrativas, nos reconhecemos e nos fortalecemos. Com um "único olhar", a criatividade, o novo, a tolerância e a empatia perdem o seu espaço, e o que não estiver próximo a este "único olhar" fica marginalizado e, nessa toada, todos perdemos. Quando a população deixa ou reduz a sua capacidade de ler, o viver em sociedade fica cada dia mais difícil.

Fica difícil ler e compreender o contexto econômico, é difícil discernir os procedimentos de interesses individuais e coletivos. Contrastar diferentes abordagens jornalísticas acaba por passar longe das práticas leitoras dos cidadãos. Acessar as fontes verdadeiras de informação passa a ser um verdadeiro garimpo. O distanciamento da leitura entristece as pessoas, enrijece os corações e reduz a prática da reflexão.

Quando não se tem o ato frequente de leitura do texto escrito, o que dizer da competência de ler os textos que se apresentam pela oralidade? Pensar o livro e a leitura como ato fundamental da formação humana me faz acreditar que é por ela e com ela que nunca estaremos só. Pela leitura, acessamos diferentes pontos de vista e podemos construir o nosso olhar singular a respeito de tudo o que vemos e vivemos.

A leitura é capaz de atingir a sensibilidade humana a ponto de gerar as mais diferentes emoções, do riso ao choro, da alegria à tristeza, do medo ao acalanto, da curiosidade ao encanto, da ignorância ao saber. Neste último, destaco o saber ser, o saber conviver, o saber tolerar e a empatia que parece a cada dia mais distante das pessoas. A leitura chama todos nós à reflexão, nos coloca em um lugar confortável para o diálogo, aponta diferentes e possíveis direções que, sendo certas ou erradas, são possíveis, e nessa possibilidade ainda somos livres para optar.

Do alto de meus 56 anos, foi na leitura e pela leitura que me fortaleci pessoal, emocional e profissionalmente. Na leitura, me vi sujeito deste mundo, capaz de construir minha história de mulher, professora, mãe e cidadã com um lugar, vez e possibilidade de contribuir com uma sociedade leitora. Na leitura, me fortaleci a cada novo saber, novo desafio, a cada perda, cada queda e cada conquista. É na leitura o meu refúgio nos momentos de inquietude e de ócio. "Por onde for quero ser seu par..."

Patricia Constâncio
Blumenau/SC, 18 de setembro de 2022

31

“

a leitura nos chama a virar
as páginas e a arejar a vida

”

Cheguei naquela tarde à escola municipal para me reencontrar com um grupo de jovens estudantes venezuelanos em situação de refúgio no Brasil. Era a minha quarta ida à escola para desenvolver, em parceria com outros colegas, um projeto de acolhimento dos jovens migrantes por meio do compartilhamento de histórias. Àquela altura, todos nós já nos conhecíamos pelo primeiro nome. Mas e os nomes do meio?

E os apelidos e sobrenomes? Quantos nomes cada pessoa carrega consigo? E que notícias trazem os nomes e suas sonoridades sobre os lugares de onde viemos? Sobre as linhagens familiares que nos antecedem? Quantas vidas vibram nos nomes que nos constituem? Que memórias guardam? Que paisagens afetivas? Nenhuma destas perguntas precisou ser feita para ser vivenciada. Bastou abrir o livro. Ler a história.

Era uma vez um menino chamado Guilherme Augusto Araújo Fernandes (texto de Mem Fox e ilustrações de Julie Vivas). Sua casa era ao lado de um asilo de velhos e ele conhecia todo mundo que vivia lá. Mas a pessoa de quem ele mais gostava era a senhora Antônia Maria Diniz Cordeiro, porque ela também tinha quatro nomes como ele. Pronto! A cena está posta. E nos abre uma porta para escrevermos os nossos próprios nomes, quantos sejam eles: quatro, cinco, seis, sete... Mais? Menos? Não importa!

Escrevemos os nomes em folhas de papel, como se fossem versos de um poema — um nome por linha. Agora é só mostrar cada lista na roda. Um dos alunos não quer expor os seus nomes para o grupo (em circunstâncias extremas, há coisas que é preciso proteger); recuar também é participar da partilha. Lemos em voz alta, em coro, cada um dos nomes escritos. Os nomes de cada um na boca de todos. Chega o momento de cortar nome a nome, apelido por apelido em tirinhas, que colocamos sobre a mesa de cabeça para baixo.

Embaralham-se os nomes. Ao acaso, cada um escolhe uma tirinha de papel. Descobrimos os novos nomes que temos em mãos. Juntamos as tiras para formar um novo nome, bem comprido, composto de pedaços de cada um de nós. Quem é esse personagem que surge pelo ato de nomeação coletiva? De onde vem? Para onde vai? O que deseja? Gosta de dias quentes? Tem medo de escuro? Ri alto quando lhe contam uma piada? Guarda um segredo a sete chaves? Outras palavras, novas histórias...

Em tempos irrespiráveis de xenofobia, intolerância, enrijecimento de fronteiras de toda sorte, a leitura nos chama a virar as páginas e a arejar a vida, desobstruindo caminhos para que todos tenham o direito de atravessar.

Rosana Kohl Bines

Rio de Janeiro/RJ, 10 de setembro de 2022

32

“

a falta de leitura (escuta) é a
incapacitação definitiva do indivíduo

”

Leitura é escuta. E nada é tão simples assim. Ensina-se a escutar? Ensina-se — de forma oposta — a não se escutar? A surdez é construída, seja por falta de um repertório, seja por imposição de um código preestabelecido. Por preguiça ou egoísmo (ou qualquer dos pecadilhos capitais), há sempre de se erigir, como um edifício: a refratariedade é uma espécie de vilania que, consciente ou subconscientemente, é complexa e brilhantemente engendrada, como um plano diabólico, resumida a um período, estendida a uma estação, uma década, por uma geração, ou toda uma vida. A falta de leitura (escuta) é a incapacitação definitiva do indivíduo, quaisquer que sejam as responsabilidades envolvidas.

Educar à leitura? No Brasil, o refrão de Tobias Barreto "não há real interesse em instruir-se" reverbera sesquicentenariamente, pois tanto para os amordaçados quanto para os da grita, são palcos de moucos. Dos desenvolvedores do senso crítico, que não abrem mão da sua própria escola crítica, aos autômatos instrumentalizadores da eficiência, da soberba dos currículos megalômanos conspícuos aos construtivismos libertinos, dos rincões mais insalubres de nossas *innerlands* aos fraudulentos embates ideológicos, das mais legítimas iniciativas aos mais excelsos dispêndios em equipamentos, rizomaticamente campeia o mais improficiente arrazoado e se dramatizam as mais maravilhosas improfícuas boas intencionalidades que um régio cenário estático de podres poderes ousara mirabolantemente ensejar, ainda que para isso e nisso investisse ou deixasse de investir quaisquer logros ou quantias. Disse sesquicentenário, me corrijam: milenar. No Brasil, a educação (tudo) é feudal. Do microcosmo das cidades mortas às demagogias continentais: boca afiada e ouvido de siri.

Mas o maior hiato acústico e interpretativo é o geracional. Já se disse que nunca houve na história uma situação em que os jovens ensinassem aos mais velhos, assim como profissões sofrerem extinção em massa (ou de obsolescência precoce). Há anos já se lê diferente, em tempo, audiovisual, intertexto, interferência, diálogo e edição. Por isso, em qualquer círculo, trazer o velho sempre de volta ao mundo teria de ser um exercício de troca, não de imposição, de sedução e afetividade, não de educação.

Mestres assíncronos repisam metodologias anacrônicas "passando" de ano alunos que nem sabem porque ali estão nem para onde vão depois dali, mas que, entretanto, têm aprendido, sozinhos e em grupo, a ouvir. Muito mais espertos do que se julga, partem, a seu modo, já do intertexto, da metacrítica, da caricatura, da sátira, do fim da piada.

E nós: saberemos escutar como e o que estão lendo, ou ao menos entender do que estão a rir?

Erico Braga Barbosa Lima

Tubarão/SC, 18 de setembro de 2022

33

“

sem saber ler o texto, ler o outro,
ler o mundo, ler a vida... estamos pouco
a pouco perdendo nossa humanidade

”

Parada no ponto de ônibus na Gávea, como sempre lotado, no horário da saída das escolas, ela observa aquele carnaval de exemplares humanos tão diferentes: as adolescentes maiores nas conversas vazias sobre a roupa da fulana, o cabelo da cicrana; os menores se estapeando em brincadeiras violentas e abusivas; os homens e mulheres trabalhadoras com o semblante cansado e já estressado só de pensar no trânsito de volta para.

Estava tão mergulhada naquela visão estranha ao seu mundo de menina do interior, que nem percebeu a senhorinha que chamou uma, duas vezes e depois tocou no seu ombro dizendo: "Moça, a senhora pode me ajudar? A senhora me avisa quando vier o ônibus para a Freguesia? É que antes eu sabia o número, mas agora com o BRT, mudou tudo." Ela respondeu que sim, mas na hora pensou que isso era tão simples, era só ela ler a placa de destino no ônibus.

Logo em seguida o esperado ônibus passou, ela deu sinal e avisou a senhorinha que, por sua vez, não conseguiu entrar, pois os estudantes se amontoavam na estrada não deixando ninguém passar e por muito pouco a senhorinha não vai ao chão. Foi amparada por um aluno da PUC que a segurou. Só conseguiu embarcar no terceiro ônibus, depois de quase uma hora no ponto. Ônibus lotado, como já era de se esperar. No acento preferencial uma moça com síndrome de down dividia o espaço com uma senhora idosa. Uma mãe, com seu filho de 5 ou 4 anos, exigia que a moça se levantasse para dar lugar a ela e seu filho. A senhora ao lado tentou ainda uma solução amigável, sugerindo que a criança fosse no colo da moça. Mas a mãe disse que não ia colocar o filho no colo de uma doida. O bate-boca se estende por um longo tempo. Longo demais até para um engarrafamento.

Chegou o ponto, ela desce e caminha até sua casa meio que entorpecida como se saísse da torre de Babel. Chega em casa, joga a mochila no canto e cai no sofá e cai em si mesma, entendendo a viagem: a senhorinha não sabia qual era seu ônibus, porque não sabia ler, os estudantes não tinham educação e nem empatia para com o outro, a mãe ignorava a doença da moça e não respeitara a sinalização ao lado da poltrona. E num suspiro profundo que quase chegou a doer, ela pensou: "Meu Deus! Que falta faz a leitura!"

Não precisa de muita pesquisa, basta andar pela cidade para entender que, sem saber ler o texto, ler o outro, ler o mundo, ler a vida... estamos pouco a pouco perdendo nossa humanidade e mergulhando na barbárie.

Viviane Moreira

Rio de Janeiro/RJ, 21 de outubro de 2022

34

“

ao ler, também nos lemos,
compreendemos quem somos e o
que desejamos para o nosso país

”

Para refletirmos sobre a falta da leitura no Brasil contemporâneo, precisamos nos recordar de seus benefícios. A leitura organiza o caos, pois relativiza nossas certezas, organiza nossos pensamentos, desperta nosso senso crítico e estético, torna-nos mais empáticos e abertos a novas experiências. Por meio dela, notamos que o maniqueísmo é uma falácia e o diálogo assegura a construção de relações mais autênticas e igualitárias, por meio das quais todos são considerados.

Pela prática da leitura, conhecemos outras realidades, refletimos sobre culturas diversas, avaliamos a nossa e festejamos cada descoberta da ciência. Apreciamos o dom da vida, firmamos o respeito pelo outro, enquanto reavaliamos nosso entorno social e a nossa história. Ao ler, também nos lemos, compreendemos quem somos e o que desejamos para o nosso país e, em especial, para o nosso planeta. Assim, pensamos no futuro de outras gerações, preservamos as reservas naturais, investimos no bem-estar social e na educação. Em síntese, consideramos a necessidade de manutenção da vida em toda a sua amplitude.

Pela lógica, podemos observar o que promove a falta da leitura.

Sentimo-nos no centro do caos, onde não existe qualquer empatia ou senso de humor. Assim, fechamo-nos ao diálogo e à interação, deixamos de apreciar outras culturas e, sobretudo, as artes em geral. Desconsideramos o próximo e a diversidade, tornamo-nos vítimas de mensagens que defendem verdades absolutas e incentivam comportamentos pautados em discursos polarizados.

Como não acreditamos mais na ciência, na tecnologia e na educação, temos medo do futuro, visto como desprovido de perspectivas e brutalizado. Por isto, exploramos vorazmente as riquezas naturais na ânsia de obter prazer imediato e lucro.

Exterminamos espécies, queimamos florestas e depredamos o meio ambiente, e o patrimônio público. Em síntese, não notamos que promovemos a morte em toda sua amplitude.

Eliane Aparecida Galvão Ribeiro Ferreira

Assis/SP, 18 de setembro de 2022

35

"sem a leitura da palavra partilhada, acabamos por enxergar o mundo por lentes que deformam a realidade"

O momento que vivemos nos impele a reagir com urgência, antes das eleições, de modo a nos proteger dos riscos que corremos a cada ação deste governo.

É preciso unir nossas forças e provocar um movimento que alerte aqueles que ainda estão sob os efeitos da alienação, de modo a criar uma forte consciência do papel da leitura.

Um povo que não lê sequer desenvolve a capacidade de pensar ou de refletir acerca da própria realidade. Um povo a quem é negada a leitura e a troca de experiências que o desenvolvimento da capacidade leitora favorece fica à mercê de governos que, criminosamente, se aproveitam dessa fragilidade para manipulá-lo, às vezes, em nome da fé. Nessas condições, age como rebanho conduzido ao matadouro.

É fato recorrente, entre os pesquisadores que militam na área da leitura e da formação de leitores, apontar as dificuldades enfrentadas num Brasil que não lê e os prejuízos que decorrem dessa realidade. A situação se agrava quando, até mesmo entre professores, encontramos o desinteresse e o descaso pelos livros. Raros são os que têm seu acervo particular.

As pesquisas desenvolvidas em tempos mais auspiciosos, em que os governos assumiam sua responsabilidade no incentivo à leitura, datam da década de 1990, quando foi criado o Proler. Em 2010, o Ministério da Cultura, que ainda existia antes de ser incorporado ao Ministério da Educação, criou o Prêmio Viva Leitura. Nesse período, havia espaço para que se discutisse a leitura, inserindo-a no âmbito das políticas públicas, devido à sua importância.

Algumas ações pontuais são reconhecidas em estados que colocam a questão como prioridade, entretanto, não há, por parte do Governo Federal, qualquer manifestação animadora acerca do tema. Pelo contrário, a realidade é bastante adversa.

É hora de revermos nosso posicionamento enquanto formadores de opinião, trazendo-a para o âmbito do debate. Sem a leitura da palavra partilhada, acabamos por enxergar o mundo por lentes que deformam a realidade, a partir do ouvir-dizer, que, irrefletido, arrasta multidões ao erro.

Stella Pellegrini

Rio de Janeiro/RJ, 12 de setembro de 2022

36

“

e a leitura ocupar seu lugar de
agente formador da cidadania

”

"Quem tiver ouvidos para ouvir, que ouça; quem tiver olhos, que veja." Essa fala de Jesus registrada por Mateus (13: 15-16) comprova o que todo mundo sabe: que a sabedoria da Bíblia continua atual. E a citação prossegue: "Porque o coração deste povo está endurecido, de mau grado ouviram com os ouvidos e fecharam os olhos; para não suceder que vejam com os olhos, ouçam com os ouvidos, entendam com o coração."

Trazendo para os dias de hoje, vemos que em nosso país as pessoas parecem estar surdas e cegas à realidade, incapazes de lembrar o passado sombrio, de analisar os rastros que ele deixou para o presente e de avaliar as opções que ora se oferecem para o futuro. Sim, pois ver e ouvir é mais do que exercitar atividades corporais automáticas e imediatas. É assim que os animais veem o mundo e satisfazem suas necessidades: sem pensar, sem refletir, sem comparar e avaliar as consequências de suas escolhas.

Em outras palavras, sem um olhar crítico, sem ouvir o coletivo e sem ouvir o próprio coração. Cegos e surdos, também ficam mudos diante de injustiças, aplaudem o arbítrio, deixam-se seduzir por promessas populistas. Como um rebanho, são levados ora para um lado, ora para outro, seduzidos pelas palavras do salvador do momento, que pode ser um agora, outro amanhã, trocando de posições e bandeiras sem pudor, enquanto conduz tranquilo seu dócil gado deste lado ao oposto. Será que ninguém ouve? Será que ninguém vê?

Sim, ouvem e veem como os gatos e os cães, ávidos pelas benesses que seu líder (até há pouco seu inimigo) lhes oferece, sem atentarem para o que o amanhã trará no rastro de tanta incompetência. Este é o cenário que hoje se apresenta ao eleitor brasileiro — o mesmo do mesmo, apenas com outra data e com a polarização invertida.

Este estado de coisas, que cria fanáticos dispostos a se devorarem, poderia ser superado pela educação, sobretudo pela leitura feita com olhar crítico, "sem coleiras", como no Sítio de Lobato. Nunca aconteceu de, no Brasil, Deus e a religião serem invocados como lema de governo ou como divisor de águas entre bons e maus. Ser "terrivelmente evangélico" nunca tinha sido critério para preenchimento de cargo público. Nunca o nome de Deus foi tantas vezes tomado em vão — ninguém vê isso?

Quando a educação tornar a ser valorizada e a leitura ocupar seu lugar de agente formador da cidadania, só então democracia e política poderão retomar seus significados originais. Nesse meio tempo, "quem tiver ouvidos, que ouça; quem tiver olhos, que veja."

Vera Maria Tietzmann Silva

Goiânia/GO, 06 de outubro de 2022

37

“

ler é exercício-operário de pensar e fazer

”

Era uma vez... uma história que se conta e se fia como realimentadora das relações nesta terra brasileira que se vem instituindo, ao longo de sua história, como resultado da confluência entre arco e flecha e seus lançadores indígenas no encontro e reencontro com os ruídos da natureza; um repique de sons suados e sofridos se fez fortemente com a chegada dos colonizadores; o cativeiro se confirmou sangramento africano da humanidade com o trânsito das naus; da Monarquia à República, e..., para dizermos do que fizemos e somos enquanto nação, poderemos nos valer sempre de 'Era uma vez...'

O que trago de registro sobre a importância da leitura é confirmar o que costumeiramente me falta, no sentido de que sempre estou à procura — e estar à procura é movimento ordinariamente manifestado no curso da compreensão do que me acontece. O que ofereço, como possibilidade, ao desenvolver o tema é exaltar o ato de ler como indispensável à natureza humana. Leitura, em sentido ampliado, evidentemente, mas o recorte deste momento em que escrevo é ressaltar a imprescindibilidade de que se revele a leitura da escrita no sentido de que se realize alimentadora da reflexão sobre a vida. Ler a escrita, portanto, e ainda que não me conceda ou não nos evoque, muitas das vezes, respostas com a precisão esperada é exercício pleno de cidadania.

Exercício pleno de cidadania é aprendizagem constante, e o resultado que daí decorre tem natureza singular, não na esteira de seu significado individual; ao contrário, em sua simplicidade de sentido coletivo.

O que impede o Brasil, enquanto nacionalidade, de pensar e fazer é o fato de que não temos a compreensão de que as ações pressupõem e implicam práticas de linguagem interacionais de reflexão, dentre as quais ganha sentido o exercício da leitura.

Era uma vez um país pleno de cidadania: ler é exercício operário de pensar e fazer, para aprender a fazer e refazer, com indagação, curiosidade e convicção do movimento e da mudança.

Santinho Ferreira de Souza

Vitória/ES, 17 de setembro de 2022

38

“

ler o literário é experienciar novas maneiras de observar o mundo

”

Uma sociedade justa pressupõe o respeito aos direitos humanos, e a fruição da arte e da literatura em todas as modalidades e em todos os níveis é um direito inalienável, no dizer de Antonio Cândido.

Escrever sobre projetos de vida imbricados com a leitura de mundo é um desafio estimulado pela Cátedra de Leitura da Unesco, pois ler o literário é experienciar novas maneiras de observar o mundo, é ter a capacidade de reinventá-lo por meio de releituras, bem como é estímulo ao sonho e à recuperação da autoestima — movimentos que impulsionam desenhar meus percursos como agente de leitura em projetos de ressocialização e cidadania dirigidos para a reconfiguração do tempo no cárcere, e a promoção da inclusão social da pessoa presa.

Desafio que mobiliza entrelaçamentos entre a universidade e a sociedade num compromisso político de ressocialização dessas pessoas, difundindo que a fruição do literário modifica visões de mundo, como um bem humanizador a ser estimulado por políticas públicas que visam um maior equilíbrio dos direitos culturais e sociais.

A concepção que fundamenta o projeto tem a leitura como instrumento de ressocialização e cidadania: remição penal, é dirigido para a reconfiguração do tempo no cárcere, autoestima e promoção da inclusão social da pessoa presa, bem como promover a dimensão humanizadora da literatura. Por via da leitura do literário, mobiliza acadêmicos da Univille (Universidade da Região de Joinville) para o acompanhamento de resenhas de leitura produzidas pelos apenados/leitores.

Ações como esta, que reafirmam o compromisso da universidade com a sociedade, ressignificam o papel do professor-leitor ao abrir espaços na luta pela cidadania em prol de uma maior equidade social.

Taiza Mara Rauen Moraes

Joinville/SC, 16 de setembro de 2022

39

"

a população brasileira,

mesmo escolarizada, desconhece

o que seja leitura e a confunde

com a mera alfabetização

"

No Brasil, embora a leitura seja um dos instrumentos fundamentais na ressocialização do condenado à privação de liberdade, a maioria apresenta baixos índices de escolaridade, o que torna pouco factível este ângulo de recuperação social sem uma interação efetiva com a civilidade.

Uma parcela significativa não domina as competências básicas de leitura e escrita. É preciso considerar também que este baixo nível de escolaridade afetou suas vidas e muito provavelmente contribuiu para que cometessem delitos. Sob essa perspectiva, a prisão, antes de servir ao propósito de confinamento e recuperação do preso, extrapola os limites das celas e muros para operar como um sismógrafo da falta que a leitura faz.

Sabemos que a leitura é historicamente não acessível para a larga maioria da população brasileira. Até porque a população brasileira, mesmo escolarizada, desconhece o que seja leitura e a confunde com a mera alfabetização.

No que diz respeito à leitura em prisões, reduzir quatro dias de pena para cada livro lido na prisão já é possível no Brasil desde 2013, por recomendação do Conselho Nacional de Justiça (CNJ). Uma pesquisa mostra, no entanto, que poucos conseguem ter acesso a esse direito. O estudo mostra que as atividades de leitura nos presídios enfrentam uma série de dificuldades, como a proibição de títulos, exclusão de pessoas presas com baixa escolaridade e migrantes.

Somos a terceira maior população carcerária do mundo. Além disso, menos de 13% da população carcerária têm acesso à Educação. Dos mais de 700 mil presos em todo o país, 8% são analfabetos, 70% não chegaram a concluir o ensino fundamental e 92% não concluíram o ensino médio. Não chega a 1% os que galgam um diploma do ensino superior.

Embora assegurada pela Constituição de 1988, a educação ainda não se realizou no sistema penal brasileiro de modo geral. A falta da educação e projetos sistemáticos de leitura nos estabelecimentos prisionais entrava a ressocialização do detento e, no caso das detentas, condena mães e filhos ao abandono, exclusão. São crianças crescendo à margem da educação por mães esquecidas, na maior parte dos casos, tanto pela família quanto pelo Estado. Um círculo vicioso que poderá levá-los a uma adolescência e vida adulta na prisão, em vez de aos bancos escolares.

Este Brasil que não lê livros, nem lê sua vida de privações que parece sem saída é justo?

Valéria Medeiros

Araguaína/TO, 18 de setembro de 2022

40

"

a experiência de leitura repetida
na formação do leitor é a
garantia de desenvolvimento de
uma sociedade fecunda

"

Que a leitura faça falta, e que, por consequência dessa constatação, haja a unanimidade reconhecedora de sua importância, não se coloque em dúvida, na medida em que a afirmação é capaz de a todos unir, destoando do atual cenário sociopolítico brasileiro, cuja tendência mais acirrada é a de promover polarizações. Observa-se, mesmo no sujeito que se assume um não leitor, se indagado acerca da importância de saber ler, um leitor que se vê precário, mas capaz de sustentar e explicitar "a falta que a leitura faz".

Nelson Rodrigues disse sobre a burrice do unânime, frase trazida quando se deseja firmar a esse unânime, oposição: "toda unanimidade é burra." Há que se partir daí pensando que, no caso do reconhecimento à importância da leitura, não cabe estagnar no pensamento do escritor, ao passo que, nesse momento crucial do país, é preciso continuar defendendo a permanência de tal unanimidade. Porém, é necessário mais: defender a leitura em seu espectro de possibilidades, a fim de que seja cumpridora efetiva de processos de desenvolvimento da reflexão crítica dos leitores que a ela tiverem acesso. Mas... de que leitura se fala?

O indivíduo que não lê largo e/ou em perspectiva enxerga o mundo chapado. Todo texto é igual, se igual lhe parece. Essa é outra unanimidade para os que estudaram leitura de maneira profunda. No texto do mundo, lido, sem diferença visível, "analfabetos funcionais" foram diagnosticados e classificados, nas pesquisas do tema, donde se extrai a conclusão: ter alguma instrução e escolaridade não garante a leitura, ter frequência à escola e à universidade tampouco. Muitos, incrédulos, veem os números e os efeitos nefastos.

Frente ao caos, a minha afirmação é taxativa: o que garante a efetiva compreensão leitora de qualquer contexto, escrito, falado, desenhado, filmado, encenado, no tremular verde-amarelo da bandeira ao vento, é a condição de refletir, com crítica, palavra esta na acepção dos incansáveis estudos sobre os gêneros de texto, disponíveis nas diferentes práticas sociais.

Pensar reflexão crítica, em leitura, significa evocar nos sujeitos uma capacidade leitora cuja proficiência resulte na busca por produzir decisões em favor do maior número possível de indivíduos, ou seja, includente; significa pensar no indivíduo enredado, por exemplo, na trama do cenário social, político, cultural, cuja dependência do erário público e de líderes que o manipulam tem sido o calvário da maior parte da população. Leiam-se, no erário, hospitais, escolas, progresso e... por que não, alguma ordem no caos do *fake*/não *fake*?

Importante é que a leitura leve os leitores à compreensão de que a polarização à qual se assiste pode ser, na verdade, a dupla face da mesma moeda, cujo radicalismo, contaminador de tudo em volta, sufoca e oprime as inteligências, provocando, em ambos os lados extremos, a adoção do mesmo modelo de produções discursivas, inclusive. Aliás, é em razão de toda a produção discursiva do momento que a leitura carece da manutenção e valorização, pelo seu papel de auxílio da interpretação/tradução do real.

Considere-se a leitura de sentido semiotizado, abrangente, e tem-se mais consistência para seguir, refletindo, para tomar, à mão, os suportes veiculadores de discursos e a potência sobre eles, aplicada pelas mídias digitais. A leitura, de todas as linguagens, é a exigida para que se interprete o (não) dito, o (não) escrito, para ler o discurso impregnado de intenções, dirigido sempre a um "leitor" que, sagaz e astuto — e por isso com mais chances de proficiência —, pode neutralizar, com mais fôlego, os efeitos das manipulações.

Entretanto, no terreno sociopolítico em que a linguagem se firma poder, a falta que a leitura faz está cada vez mais manifesta nas discussões inteligentes que se deixa de fazer, na incapacidade de fazer avançar modelos mais qualificados de produção discursiva que estejam operando em favor, também, da geração da qualidade de vida e da (re)qualificação das relações humanas.

Eu acredito: a experiência de leitura repetida na formação do leitor é a garantia de desenvolvimento de uma sociedade fecunda, formada/formadora por/de sujeitos responsáveis, competentes, eficientes em todas as instâncias. Não há outro caminho aos filhos do solo desta mãe, controversa, pois muitas vezes pouco gentil, chamada Brasil!

Valéria Pereira

Juiz de Fora/MG, 18 de setembro de 2022

41

"
a verdadeira leitura nos inquieta
e nos liberta do autoritarismo
"

Estou refletindo sobre a falta que a leitura faz em tempos tão sombrios e de profundas transformações sociais, políticas e econômicas não somente no Brasil, mas em todo o mundo. Ao mesmo tempo, penso no fato de existir um Brasil que lê (diagnosticado por meio de pesquisas), e um outro cuja leitura sequer é percebida no seu cotidiano.

Nesse momento da história, no qual se celebra o bicentenário da independência do país, é notório o quanto o ato de ler, e ler criticamente, se faz absolutamente necessário. Senão, como explicar os tempos caóticos em que estamos vivendo? Parece haver um abismo enorme que distancia pessoas e leitura. Sentimos falta da leitura inquietante, crítica, que não nos escraviza ou engessa em ideias que são frutos de radicalismos. A verdadeira leitura nos inquieta e nos liberta do autoritarismo.

O direito à leitura deve ser algo inalienável, inquietante e desafiador. O ato de ler, portanto, existe para nos tornar livres; daí a palavra de ordem é LIBERDADE, mesmo que isso incomode. Falar sobre leitura nunca foi tão necessário em tempos desafiadores como esses, que antecedem as eleições presidenciais no Brasil.

A leitura como direito deve pôr em movimento a consciência crítica do nosso papel e de nossas ações para construir um país mais justo, sem desigualdades, que respeite a diversidade e a pluralidade de vozes que ecoam em todas as regiões brasileiras.

É preciso, nesse sentido, ampliar o olhar acerca das práticas leitoras para o enfrentamento dos radicalismos que geram problemas sociais, culturais, políticos, econômicos, religiosos e de saúde em uma população já tão sofrida, em que a fome e a miséria se agravam.

Ler é, portanto, uma necessidade universal de inclusão, resistência e interlocução crítica que não se esgota, pois nos apresenta um lugar de manifestação das diferentes linguagens e representatividade dos sujeitos.

Assim, como um ato de liberdade, ler se torna a nossa força transformadora contra arbitrariedades e, dessa forma, imprimimos nossa resistência.

Lídia Eugenia Cavalcante

Fortaleza/CE, 13 de setembro de 2022

42

"

a vida não é a mesma depois da

leitura de uma palavra ou livro

"

Pus na boca de um personagem meu — do livro *Palavras* — as seguintes frases: "Dizem que uma imagem vale por mil palavras. Pode ser, mas uma palavra desperta na sua imaginação um número infinito de imagens." O personagem fala por mim: para mim, a palavra inventa até mesmo a imagem, porque não saberíamos o que vemos se não tivéssemos a palavra para dar-lhe alma.

Para começar, porque, ao se ler uma palavra, ou um livro, não se lê somente aquela palavra, nem somente aquele livro. Lê-se, ou se relê, todas as palavras e livros já lidos na vida; é nossa vida, toda ela, que lê aquela palavra ou aquele livro; aquela palavra ou aquele livro, simultaneamente, lê e relê toda a nossa vida. Pode ser um livro de efeitos diabólicos, ou icarescos. Pode ser um logro, pelo qual nos queremos deixar seduzir. Pode ser que resistamos. Pode ser que tenhamos esperado por aquela palavra ou livro por toda a nossa vida. Pode ser que nos apaixonemos. Pode ser que aprendamos a amar — naquele livro ou palavra; ou pelo menos que aprendamos o jeito como amamos amar. Um livro — ou uma palavra — não tem começo nem fim.

Iniciou-se junto com a existência, e se perpetua, simplesmente; é eterno e infinito, na medida em que abrange a plenitude humana, tanto quanto as mudanças, mutações e a mutualidade do instante. Está acima do tempo-espaço, das dimensões paralelas, do multiverso. E ao mesmo tempo, *alephianamente*, pode conter tudo isso.

A vida não é a mesma depois da leitura de uma palavra ou livro; como podemos dizer, diante de uma palavra ou livro que nos toque, que algo dele não nos transformou? E jamais seremos o que éramos, ao mesmo tempo que, naquela palavra ou livro, se guarda toda a lembrança, toda a memória do que já fomos. E de antes disso. Enfim, sem a leitura, e especialmente dessa descabida invenção que, há três mil anos ou mais (estima-se, imagine-se), nos elevou à categoria de espécie, com identidade no planeta — falo da literatura —, não seríamos... O que seríamos?

(E no Brasil, palavra que significa madeira VERMELHA — o que seríamos sem a palavra que nos identifica? Um borrão no mapa-múndi... Um...?)

Luiz Antonio Aguiar

Rio de Janeiro/RJ, 14 de setembro de 2022

43

"

é a literatura contando para nós

como nossa história pode vir a ser

"

“Aqueles quadros foram, para mim, uma revelação!” — assim definiu Mário de Andrade suas impressões sobre a obra de Anita Malfatti em exposição de 1917, em São Paulo.

A arte de vanguarda exibida pela pintora suscitou, contudo, reação bem diversa por parte de Monteiro Lobato, que, em artigo de jornal, classificou a motivação daquele trabalho como “paranoia ou mistificação”, em texto que traz tal diagnóstico como título.

Impactados, tanto pela exposição quanto pela crítica feroz do representante da ala conservadora dos pensadores da arte e cultura nacionais, Mário de Andrade, Oswald de Andrade e outros artistas daquela geração sentiram-se movidos (ou co-movidos) a organizarem uma mostra coletiva de multiarte que acabara de completar um século: a Semana de Arte Moderna de 1922. Não é preciso lembrar os efeitos daquela empreitada no cenário cultural brasileiro a partir de então.

Como Mário, outros tantos artistas admitem que, impressas em sua obra, estão as pegadas das leituras importantes que realizaram. Nesse sentido, buscando uma explicação na ordem das emoções, Proust alude à “exaltação que acompanha certas leituras". Graciliano Ramos dedica todo um mergulho memorialístico a narrar os pormenores de seu encontro com a leitura: na infância, constrói seu protagonista em primeira pessoa, narrando os detalhes de seu convívio com objetos e situações de leitura.

Sua escrita literária profissional parece ser o efeito esperado de uma tal imersão, desde cedo, nesse universo. E, em seu caso, leitura e escrita o movem a tomar parte na história política do país, atuando de modo inequívoco em favor de causas em que acreditava e pelas quais valia a pena lutar.

Mas não apenas de homens brancos e bem nascidos trata esta lista de personalidades artísticas comovidas pela leitura: Carolina Maria de Jesus teve seus primeiros contatos com a leitura literária na casa em que trabalhou como empregada doméstica, em cuja biblioteca passava os dias de folga. Ao perder aquele lugar — mais estável — de trabalho e passar a catar papel nas ruas, aprendeu a valorizar essa materialidade, na qual passa a registrar seus pensamentos e cotidiano de lutas. Também continuou, aquela mulher negra e favelada, a ler, agora, o que lhe caía ao acaso às mãos: páginas esparsas de jornais, suplementos literários, panfletos, livros semicompletos, estilhaços de uma cultura letrada com a qual construía a própria dicção literária.

Sua primeira e mais importante obra — *Quarto de despejo* — é a síntese da leitura que faz do texto fragmentário e multiforme que vivencia, em seu cotidiano de exclusão e misérias de toda ordem. "O Brasil precisa ser dirigido por uma pessoa que já passou fome. A fome também é professora". Essa é a conclusão a que chega Carolina. E essa é a lição que nos deixa alguém que realizou uma leitura crítica de seu tempo, da própria jornada e daquilo que os governos de sua época priorizavam ou relegavam a segundo plano.

Em todos os tempos, leitores célebres e anônimos, homens e mulheres, de várias etnias e classes sociais tiveram na leitura um ímpeto, uma pulsão. Tal movimento não se resume a um fruto da educação escolar, embora a leitura de literatura tenha se tornado matéria obrigatória nas escolas ainda no século dezenove. As práticas de recepção do texto literário que resultaram em revoluções e reinvenções da história — coletiva, social, pessoal, subjetiva — não se deram, unicamente, nos bancos escolares.

Os varais de cordel, as estantes de bibliotecas desassistidas, os livros esquecidos nos bancos de praça ou, no limite, descartados como lixo, como no caso de Carolina, foram leituras tomadas de empréstimo ou leituras da leitura, como no caso dos modernistas da primeira geração, os quais se dedicaram a resgatar textos-imagem também considerados como lixo por outros leitores. A sociedade leitora, entidade quase mítica, é constituída desses fragmentos da ação e dos objetos de leitura, desses instantes em que um o leitor encontra um texto e, com ele, transforma a própria vida e seu entorno.

Não surpreende que, nos dias mais sombrios da pandemia de Covid-19, a avidez leitora tenha aumentado o algoritmo de buscas sobre a "peste negra", na internet. Ou que o número de downloads d'*A peste*, de Camus, tenha crescido, em poucos meses, mais do que em todo o período desde que tal recurso tornou-se disponível. É a falta que faz a leitura para compreender realidades com as quais não tínhamos, até então, nenhum convívio ou familiaridade. É a literatura contando para nós como nossa história pode vir a ser. E não é só de grandes revoluções que trata o conjunto de efeitos de leitura. É também do cotidiano reinventado, das explicações que chegam aos pedaços, das releituras e oportunidades de pesquisa e aprendizado, das maiores e menores buscas do/no texto que transformam o ato de ler em um inventário de pequenas iluminações.

A falta que faz a leitura é a possibilidade de criarmos vínculos com o diferente, experimentar realidades que não conheceríamos de outra forma, conhecer desafios outros, que permitam desenvolver empatia, compaixão, respeito. Ler da fome que nunca sentimos e, assim, não negar sua existência. Ler do sofrimento negro que nem acreditávamos possível, mas de que as estatísticas (tampouco lidas) não deixam dúvidas.

"Ler é sair de si", dizia Proust, mas é também mergulhar em uma versão melhor de si. A escola é o espaço preferencial para sua prática, mas não é o único. Ler é ato social, cultural, gregário e "humanizante" (no dizer de Cândido). Lemos, enquanto tocamos o barco. E ler literatura é atravessar os diferentes textos de que são feitas nossas existências — diversas, surpreendentes, formadoras de nós e dos outros.

Maria Aparecida Ribeiro

Aracaju/SE, 20 de setembro de 2022

44

“

bibliotecas não somente devem ser abertas, mas também devem ser mantidas e popularizadas

”

No Brasil, temos muitos problemas estruturais e conjunturais. São tantos e tão diversos que, a olhos nus, é possível, sem grandes esforços, notá-los, identificá-los, categorizá-los, enquadrá-los, tabulá-los e analisá-los sob qualquer prisma teórico.

O acúmulo de problemas brasileiros — sociais, econômicos, demográficos, educacionais, ambientais, artístico-culturais — soma-se a uma série de violências que atentam contra os direitos humanos nos seus mais diversos aspectos: violação de direitos contra mulheres, crianças, adolescentes, jovens, pessoas idosas, pessoas com deficiência, pessoas com orientação sexual pertencentes ao segmento populacional lgbtqia+, provocando hecatombes no cotidiano de toda gente.

Uma das hecatombes, sem dúvida, é a presença na Presidência da República, de um homem cujo maior feito até então, no exercício do cargo que ocupa, foi dizer que, se o seu principal adversário político às eleições presidenciais fosse eleito, no lugar dos "clubes de tiro" seriam abertas "bibliotecas". Na opinião desse senhor, atual "inquilino" do Palácio do Planalto, abrir bibliotecas não somente é algo sem qualquer importância, como é algo que pode atrapalhar o violento processo de armar cidadãos e cidadãs.

A leitura, como uma atividade política, sempre foi combatida por sujeitos autoritários e pouco simpáticos ao bem-viver da diversidade humana. Ela, a leitura, é uma forte ameaça a quem deseja oprimir, a quem deseja dominar, controlar, reduzir. Ao contrário do que diz o atual Chefe do Executivo, bibliotecas não somente devem ser abertas, mas também devem ser mantidas e popularizadas, garantias que são de sociedades livres e democráticas.

Hugo Monteiro Ferreira

Recife/PE, 18 de setembro de 2022

45

“

ao invés de armas, livros; no lugar de clubes de tiros, bibliotecas e casas de leituras

”

Paulo Freire nos ensinou que a leitura é um ato de liberdade. Aprendemos a ler para escrever a nossa própria história. Ler e escrever. Reler e reescrever para inventar e reinventar o país e o mundo.

Nesses tempos sombrios que correm, em que o governo federal estimula a compra de armas e incentiva a criação de clubes de tiros, devemos reafirmar a importância dos livros e das bibliotecas na educação e na formação cultural brasileira.

Em vez de armas, livros. No lugar de clubes de tiros, bibliotecas e casas de leituras.

Sabemos que a leitura é vital para o exercício pleno da democracia e na garantia dos direitos fundamentais de cidadania. Então, a falta de leitura crítica e inventiva, no contexto atual de nosso país, deve ser preenchida com o nosso compromisso político, social, cultural e educativo para reler e reescrever um Brasil mais justo, solidário, ético e sustentável, compreendendo o papel da leitura no processo de redemocratização, refundação e regeneração do Brasil.

É preciso cultivar a leitura para refundar, regenerar e redemocratizar o Brasil.

Fabiano Piúba

Fortaleza/CE, 20 de setembro de 2022

46

“

urge ampliar a compreensão

do que seja leitura

”

Creio que tanto os que já lidamos com a experiência de formar leitores, quanto os que vivem ou assistem a discussões em eventos sobre textos, sabemos todos que a interpretação é a chave da leitura. E como muitos disseram, depois de pensadores da Universidade de Constanza terem alertado, na década de 1980, que a recepção de um texto ou de um fato é decorrente da relação que o leitor — com sua história pessoal, seu repertório de leituras e vivências — estabelece interativamente para criar sentido, ficou claro que ler de verdade, depois da alfabetização, é condição para tornar-se sujeito e cidadão, consequentemente.

Ler não é decodificar um texto apenas, mas assenhorar-se do que pode, deve (ou não) afetar o leitor, possibilitando que associe, compare e lucidamente corresponda ao lido, seja com ações interiores em sua subjetividade, ou exteriores, na coletividade de que participa. Ler não é automático, displicente, nem pode ser ingênuo: a leitura exige discernimento, não importa se de uma criança aprendiz de mundo ou de um leitor experiente da escritura. E em nenhum caso, o resultado é único ou tranquilo, mas exige coerência entre o ler e o viver. Ou não faria sentido... ler!

A ficção, tomada como algo fictício, tem mostrado sua lúcida potência para apontar o que não se distingue, ordinariamente, como face dissimulada das coisas entre os homens, em que reina o engano.

Estamos na plena vigência dos textos falsos que, de fato, causam efeitos disruptivos na vida pessoal e social de milhões de pessoas e adernam sua capacidade de visão de mundo para escuras e turvas dimensões. Nestes momentos, a capacidade de ler, sem manipulações e sem preconceitos, pode tornar-se fator decisivo para apoiar a qualidade da vida comum, com repercussão em esferas cada vez mais planetárias.

No caso específico brasileiro, por um lado, assistimos a uma tomada — que já tardava — de consciência mais ampla sobre os direitos de populações excluídas, enquanto interesses escusos e daninhos de camadas plenipotenciárias resistem, com recursos midiáticos, a abrir este espaço, e manipulam suas vítimas para o endosso da injustiça que nem perscrutam.

Por outro, uma deslavada onda de mentiras assola a ingenuidade ou ignorância das massas, que não alcançam criar uma intersubjetividade crítica para interagir com argumentos próprios e resistir às falsas narrativas que escondem o curso das manobras políticas, alimentadas pela ganância de poder.

Enquanto o conceito e as práticas de leitura não se alterarem fora e dentro da escola, viveremos o descalabro da intolerância e falta de diálogo que a arte demanda e ensina. E a cultura será só mal-estar. Claro que não basta ler, mas é preciso saber ler as múltiplas possibilidades e desdobramentos do ato de ler, o que resulta de algum modo em ação, como um sujeito remete a um predicado. Em que a educação fundamental tem gasto tempo e recursos sem conseguir a preciosa formação de leitores, independente das "gramatiquices" de que já se queixava Lobato?

Não há respostas únicas e absolutas, porque muda a geografia e a história dos homens e mulheres, ao longo das experiências que vivem segundo suas circunstâncias. Mas, sem coerência e coesão, os discursos não se sustentam; mais: eles não fazem sentido para sustentar a vida que cobra, na ação, a reflexão que a ampare. A verdade não está pronta, nem posta, se o sujeito não a assume entre o dizer e o fazer.

A única verdade aceitável é a que seja
caminho para a vida — de todos.

Eliana Yunes
Rio de Janeiro/RJ, 08 de setembro de 2022

SOBRE OS AUTORES

ALANA FREITAS EL FAHL · Professora Plena de Literatura Portuguesa e Brasileira da Universidade Estadual de Feira de Santana. Atua na graduação em Letras e nos mestrados em Estudos Literários e Profletras. Pós-doutorado na Universidade Federal da Bahia sobre as relações entre telenovela e literatura do século XIX (2018/19). Doutora em Teorias e Críticas da Literatura e da Cultura pela Universidade Federal da Bahia (2009), mestre em Literatura e Diversidade Cultural pela Universidade Estadual de Feira de Santana (2003), especialista em Metodologia e Ensino da Língua Criadora do blog entretelas.blog.br e do @ entretelasblog

ALDO J. R. DE LIMA · Possui licenciatura plena em Letras Vernáculas e Francês pela Universidade Católica de Pernambuco (1982); mestrado em Educação pela Universidade Federal de Pernambuco (1991) e doutorado em Linguística e Letras pela Pontifícia Universidade Católica do Rio Grande do Sul (2002). Pós-doutorado em Teoria da Literatura pela Universidade Católica do Rio de Janeiro (2013). Professor Associado II da Universidade Federal de Pernambuco, aposentado desde 2019. Organizador de livros sobre Paul Ricoeur e Antonio Candido.

ALICE ÁUREA PENTEADO MARTHA
Professora permanente do Programa de Pós-graduação em Letras da Universidade Estadual de Maringá, área de estudos literários,, na linha de pesquisa Campo literário e formação de leitores.

ALINE FREDERICO · Pesquisadora nas áreas de leitura e literatura infantil, produção editorial e multimodalidade, com enfoque na literatura infantil digital. Professora no Programa de Pós-Graduação em Mídias Criativas da Escola de Comunicação da UFRJ. Membro do grupo de estudos Selo Cátedra 10 de literatura infantil, da Cátedra

Unesco de Leitura — PUC-Rio; Festival ComKids Interativo na categoria livro digital (pré-júri). Doutora em educação e literatura infantil pela Universidade de Cambridge, Reino Unido (2018), pós-doutora em Literatura e Crítica Literária na PUC-SP. Foi pesquisadora visitante na Universidade Berkeley, EUA (2018), e no Grupo de pesquisa em literatura infantil Gretel, da Universidade Autônoma de Barcelona, na Espanha (2014). Mestre em Literatura Infantil pela Universidade da Colúmbia Britânica, Canadá (2014).

ANTONIO CARLOS RIBEIRO · Professor mestre e doutor em Teologia (2009), bolsista Stiftung Auxilium, pós-doutor em Letras (UFT, 2014), e em Literatura (PUC-Rio, 2011). Professor na Unifesspa (Comunicação, Jornalismo Impresso, 2019); participação em eventos e simpósios de Teologia (Rio de Janeiro) com mais de 20 artigos publicados.

CLAUDIA MEDEIROS · Mestre em Educação Brasileira e especialista em Educação Infantil (PUC-Rio), pedagoga pelo Instituto Isabel — CCHS (RJ) e professora pelo IERJ. Atualmente é professora na Estácio de Sá (RJ), assessora pedagógica da ONG Instituto Mundo Novo (Mesquita, RJ), pesquisadora voluntária na Cátedra Unesco de Leitura- IILer (PUC-Rio) e formadora de professores.

DEBORAH ECHEVERRIA · Mestrado em Comunicação e graduação em Design Gráfico, ambos pela UFPE. Gerente da Rede de Bibliotecas pela Paz/Compaz, da Prefeitura do Recife, desde 2017. Concluiu MBA em Book Publishing (Casa Educação — SP), em 2020. Idealizadora e produtora do Seminário Biblioteca nas Escolas. Fundadora e editora da Editora Cubzac, desde 2007.

DENISE RAMALHO · Pesquisadora do iiLer e da Cátedra Unesco de Leitura PUC-Rio. Coordenadora do Selo Cátedra 10 (2019 -). Doutora em Literatura Brasileira pela PUC-Rio, mestre em Literatura Brasileira pela Pontifícia Universidade Católica do Rio de Janeiro (1997) e doutora em Letras pela Pontifícia Universidade Católica do Rio de Janeiro (2006). Coordenou o projeto de leitura na ONG Obra de Promoção dos Jovens/Sociedade Brasileira para Solidariedade (2010/2015). Tem experiência na capacitação de professores na área de ensino de língua portuguesa, literatura e leitura, atuando principalmente no seguinte tema: formação do leitor.

DIÓGENES BUENOS AIRES · Doutor e Mestre em Letras (PUC-RS). Professor da Universidade Estadual do Piauí (Uespi), com atuação na graduação e no Programa de Pós-Graduação em Letras (PPGL). Coordenador do Grupo de Pesquisa LLER/UespiI. Integrante da Reler/iiLer-PUC-Rio. Autor dos livros *As crianças contam as histórias: os horizontes dos leitores de diferentes classes sociais* (Edufpi) e *A adaptação literária para crianças e jovens: Robinson Crusoé no Brasil* (Edufpi/CRV).

ELIANA YUNES · Professora universitária (1970-2017) no país e visitante no exterior, com formação em Filosofia e Letras, doutorados em Linguística e Literatura, pesquisadora e crítica, com publicações em interpretação, teorias da leitura e formação de leitores, estudos inter e transdisciplinares nas áreas de Hermenêutica, Letras, Educação, Artes, Teologia e Políticas Públicas. Orientadora na UFRJ, na Uerj, na PUC-Rio (1975/2017), organizadora do Proler/Fundação Biblioteca Nacional, co-criadora da Cátedra Unesco de Leitura no Brasil e da Reler — Rede de Estudos avançados em Leitura. Dirigiu o Instituto Interdisciplinar de Leitura da PUC-Rio e participou como conselheira da Política Nacional de Leitura

ELIANE APARECIDA GALVÃO RIBEIRO FERREIRA · Doutora em Letras pela Unesp, campus de Assis, onde atua como professora na graduação e pós-graduação em Letras. Atualmente, coordena o Programa de Pós-Graduação em Letras da Faculdade de Ciências e Letras de Assis/Unesp, e é membro do grupo de trabalho "Leitura e Literatura Infantil e Juvenil", junto à Associação Nacional de Pós-Graduação e Pesquisa em Letras e Linguística (Anpoll), no qual atua como vice-coordenadora.

EMMANUEL MARINHO · Nasceu em Dourados/MS. Poeta, ator e educador, é considerado uma das maiores referências da cultura de Mato Grosso do Sul. Com formação acadêmica em Psicologia e pós-graduado em Artes Cênicas pela UFRJ. Compõe poemas, edita-os em livros e os interpreta no teatro e na música.

ERICO BRAGA BARBOSA LIMA · Engenheiro mecânico, com mestrado e doutorado em Literatura Brasileira, foi professor da USU, UGF, UniverCidade, PUC-Rio (conv.), coordenador da Cátedra Unesco de Leitura PUC-Rio; é editor-chefe da Antigo Leblon (Editora/Consultoria), compositor, aikidoísta, ensaísta e escritor. Tem graduação em Filosofia.

FABIANO PIÚBA · Professor, escritor, historiador e gestor cultural. Doutor em História pela UFC, mestre em História pela PUC-SP e graduado em História pela UFC. Secretário de Cultura do Estado do Ceará, desde 2016. Foi Diretor de Livro, Leitura, Literatura e Bibliotecas do Ministério da Cultura (2009 – 2011 e 2014), e também foi Subdiretor de Leitura, Escrita e Bibliotecas do CERLAC-Unesco — Centro Regional de Fomento para o Livro na América Latina e Caribe, com sede em Bogotá, Colômbia (2012-2013).

FLÁVIA ANINGER DE BARROS · Mineira radicada na Bahia, professora adjunta da Universidade Estadual de Feira de Santana e do Programa de Pós-Graduação em Estudos Literários — PROGEL/UEFS. Tem doutorado em Teorias e Críticas da Literatura e da Cultura pela Universidade Federal da Bahia.

GILDA CARVALHO · Diretora do Instituto Interdisciplinar de Leitura da PUC-Rio e coordenadora da Cátedra Unesco de Leitura PUC-Rio. Mestre em Literatura Brasileira pela PUC-Rio, graduada em Comunicação Social (UERJ) e Administração de Empresas (Ucam) e especialista em Gestão do Conhecimento (USU).

HUGO MONTEIRO FERREIRA · Pós-doutor em Estudos da Criança pela Universidade do Minho — Portugal. Doutor em Educação pela Universidade Federal do Rio Grande do Norte. Professor do Departamento de Educação da Universidade da Universidade Federal Rural de Pernambuco. Coordenador do Núcleo do Cuidado Humano da Universidade Federal Rural de Pernambuco. Líder do GETIJ — Grupo de Estudos da Transdisciplinaridade, da Infância e da Juventude. Entre outros livros, publicou *Emilio*, finalista do Prêmio Jabuti, e *Geração do Quarto* (2021).

JOSÉ CASTILLHO · Doutor em Filosofia e professor aposentado da FCL-Unesp. Dirigiu a Editora Unesp por 27 anos, foi presidente da Abeu e da Eulac em três mandatos. Foi diretor-geral da Biblioteca Mário de Andrade, em São Paulo, e secretário executivo do PNLL (MinC e MEC) de 2006 a 2011 e 2013 a 2016. É consultor do Cerlalc para políticas públicas de leitura e sócio-proprietário da JCastilho — Gestão & Projetos — Livro-Leitura-Bibliotecas.

JOSEANE MAIA · Professora adjunta do CESC/UEMA. Doutora em Letras pela USP, mestre em Educação pela UFPI, graduada em Letras pela

UFMA. Foi coordenadora do Proler (1998-2017) e desenvolve o Projeto Nasce uma Comunidade Leitora — 3° Melhor projeto de leitura do Brasil/2019. Livros publicados, entre outros: *Literatura na formação de leitores e professores; Herança quilombola maranhense: história e estórias*.

KARLA MARTINS · Acreana, atriz, produtora cultural, contadora de histórias. Co-fundadora do Circuito Fora do Eixo, Produtora do Festival Pachamama — Cinema de Fronteira, trabalhadora da cultura, curadora de diversos editais: Itaú Cultural, Natura Musical, Funarte, dentre outros.

LÍDIA EUGENIA CAVALCANTE · Doutora em Educação pela Universidade Federal do Ceará, mestra em História Social (UFRJ). Professora titular do Programa de Pós-Graduação e do Departamento de Ciências da Informação da UFC. Pós-doc na Universidade de Québec, Canadá.

LÚCIA FIDALGO · Escritora, bibliotecária, contadora de histórias do grupo Morandubetá, mestre em Educação, pesquisadora do Gelij/iiler — PUC-Rio, professora da Ufrj no curso de biblioteconomia e gestão da informação. Doutoranda em Educação na Universidade Federal do Rio Grande do Sul.

LUIZ ANTONIO AGUIAR · Escritor, professor de Literatura e de Criação Literária — projeto Literatura do encantamento. Premiado no Brasil, inclusive com dois Prêmios Jabuti, e no exterior. Mestre em Literatura pela PUC-RJ

LUIZ ANTONIO COELHO · Graduado em Direito pela Universidade Cândido Mendes, obteve, também, grau e especialização em Comunicação Social pela Universidade Federal do Rio de Janeiro, mestrado e doutorado em Comunicação Social, Media Ecology Program, da New York University. Fez pós-doutorado nas Reading University e Birmingham University, na Inglaterra. Foi docente da PUC-Rio até janeiro de 2016, aposentando-se como professor associado. Foi diretor do DAD (entre outubro de 2006 a dezembro de 2008) e do Instituto Interdisciplinar de Leitura PUC-Rio/iiLer/Cátedra Unesco de Leitura.

MARIA APARECIDA RIBEIRO · Mestre e doutora em Letras (Estudos Literários) pela PUC-Rio, professora associada ao Departamento de Letras Vernáculas da Universidade Federal de Sergipe. Professora do

Mestrado Profissional em Letras. Foi professora visitante da Universidade de Salamanca (ES). Publicou *Sobre nossas avós: memória, resistência e ancestralidade* (Pontes, 2021); *Memorial de uma academia negra: dez anos da política de cotas na universidade brasileira* (Pontes, 2022). Coordena grupos de pesquisa e extensão.

MARIA HELENA RIBEIRO · Pedagoga, foi professora desde os 17 anos. Atuou no Proler — Programa Nacional de Incentivo à Leitura, da Fundação Biblioteca Nacional, e coordenou o Leia Brasil/Petrobrás. Leitora contumaz e contadora de histórias, iniciou a escrever suas memórias da infância aos 75 anos, publicando *O mundo me deve*, um livro das suas memórias adultas.

MARIA TERESA GONÇALVES PEREIRA
Professora titular de Língua Portuguesa, Instituto de Letras, Universidade do Estado do Rio de Janeiro, coordenou durante anos a pós-graduação em Letras da Uerj e atuou no Proler. Tem diversas publicações no Brasil e no exterior.

MARLY AMARILHA · Professora titular colaboradora no Programa de Pós-Graduação em Educação da Universidade Federal do Rio Grande do Norte. Ph.D. pela University of London em Literatura. É autora dos livros *Estão mortas as fadas?* Literatura infantil e prática pedagógica (9ª ed.); *Alice que não foi ao país das maravilhas: educar para ler ficção na escola* (2ª ed.). Bolsista do CNPq por 30 anos.

MARTA MORAIS DA COSTA · Marta fez da escrita, da leitura e da fala sua profissão. Escreveu uma tese de doutorado sobre o teatro no Paraná. Foi professora oficialmente por 45 anos. Continuou lendo e até escreveu livros para a formação de leitores (Coleção de dez volumes do *Almanaque do leitor*). É pesquisadora da Reler- iiLer da PUC-Rio, e membro da Academia Paranaense de Letras. Divulga suas paixões (pessoas, livros e literatura) em blog *leiturasempreviva.wordpress.com*

PATRICIA CONSTÂNCIO · Professora universitária, produtora cultural na área de leitura e literatura, criadora do Projeto Parque da Leitura/Blumenau/SC, assessora de projetos de promoção do livro, da leitura e da formação de leitores na região do Vale do Itajaí (SC), trabalhadora da cultura e da educação na formação de professores, políticas municipais de leitura e revitalização de bibliotecas escolares.

RITA DE CASSIA MAIA · Mestra em Educação pela Universidade Federal do Espírito Santo (Ufes); doutora em Semiologia, Ciência da Literatura pela UFRJ; professora aposentada da Ufes; diretora da Biblioteca Pública do Espírito Santo/BPES entre 2005 e 2011, e entre 2015 e 2018; membro do Instituto Histórico e Geográfico do Espírito Santo/IHGES. Pesquisadora e ensaísta, autora de *O desejo da escrita em Italo Calvino: para uma teoria da leitura*; participante do Proler/FBN.

ROSÁLIA GUEDES · Professora, graduada em Letras e mestre em Linguística Aplicada ao Ensino, pela PUC-RS. É consultora de políticas públicas na área do livro, leitura e bibliotecas. Atuou no Plano Nacional do Livro e Leitura (PNLL) desde a sua criação. Foi coordenadora-geral do escritório da Organização dos Estados Ibero-americanos (OEI) no Brasil, quando coordenou o Prêmio VivaLeitura.

ROSANA KOHL BINES · Professora do Departamento de Letras e do Programa de Pós-Graduação em Literatura, Cultura e Contemporaneidade da PUC-Rio. É pesquisadora do CNPq e desenvolve atualmente o projeto "Narrativas de deslocamento e refúgio: o que contam às/as crianças". Na PUC-Rio, integra também o Centro Primo Levi e a Cátedra Sérgio Vieira de Mello, dedicada aos estudos do refúgio e à proteção dos direitos humanos.

SANTINHO FERREIRA DE SOUZA · Professor na Universidade Federal do Espírito Santo, com desenvolvimento de estudos sobre leitura em sentido lato e em português como língua estrangeira. Seu doutorado foi concluído na PUC-Rio, em 2010, com livro publicado: *Mulheres leitoras: dar a ler, dar a ver* (2021), que compõe a Coleção Interdisciplinaridades, do iiLER.

SÉRGIO RIVERO · Professor, *videomaker*, dramaturgo, músico, *crooner*, arquiteto. Graduado em Arquitetura e Urbanismo (USU-1985), mestre em Teoria e Crítica Literária (UFBA-2000) e doutor em Comunicação e Cultura Contemporâneas (UFBA/University of South Wales — GB/2011).

SILVANA AUGUSTA BARBOSA CARRIJO · Professora Associada III do Instituto de Estudos da Linguagem da Universidade Federal de Catalão, atuando nos cursos de graduação em Letras e no Programa de Pós-Graduação em Estudos da Linguagem. Doutora em Letras e Linguística pela Faculdade de Letras — UFG. Realizou estágio de doutorado na École des Hautes Études en Sciences Sociales, Paris-FR, e estágio de pós-doutorado na Universidade de Santiago de Compostela-ES.

SILVIO CARVALHO · Pedagogo, especialista em teoria e prática da leitura, mestre em família na contemporaneidade, doutor em artes cênicas. Músico, cantor e contador de histórias. Professor da Universidade do Estado da Bahia — Uneb. Criador do canal Ateliê Vozes e apresentador da coluna Tom de Prosa. Autor de textos sobre leitura, canções e memórias, publicados em livros, revistas acadêmicas e anais de congressos. Autor do livro recém-lançado *Casulo da canção*; criador e apresentador da série de vídeos Histórias de Maria (youtube).

STELLA PELLEGRINI · Possui doutorado e mestrado em Letras pela PUC-Rio, graduação em Português-Literaturas pela Faculdade de Humanidades Pedro II, além de formação no Magistério pelo Instituto de Educação do Rio de Janeiro. É pesquisadora da Cátedra Unesco de Leitura — PUC-Rio. Área de atuação: formação de professores, pesquisa em estudos de leitura, formação de leitores, literatura para crianças e jovens, literatura e educação.

SYLVIA CINTRÃO · Professora, ensaísta e poeta. Mestre e doutora em Literatura Brasileira (UnB), professora titular aposentada, vice-chefe de departamento, coordenadora do Programa de Pós-Graduação em Literatura. Fundadora do Grupo de Estudos e Performance de Poesia Contemporânea "Vivoverso" e do Grupo Textualidades Contemporâneas: processos de hibridação. É autora e organizadora de vários livros. Realizou dois pós-doutorados na PUC-Rio. Carioca, é cidadã honorária de Brasília.

SYLVIA TRUSEN · Professora Associada da Faculdade de Letras da Universidade Federal do Pará (campus de Castanhal), e do Programa de Pós-Graduação em Estudos Antrópicos da Amazônia. Doutora em Literatura Comparada PUC-Rio.

TAIZA MARA RAUEN MORAES · Professora doutora titular na Universidade da Região de Joinville — Univille, atua no curso de Letras e no Programa de Pós-Graduação em Patrimônio Cultural e Sociedade. É editora-chefe da revista digital Confluências Culturais e coordena o Projeto Institucional de Incentivo à Leitura Proler/Univille.

VALÉRIA MEDEIROS · Doutora e pós-doutora em Teoria Literária (PUC-Rio/Uerj). Atualmente é professora associada de Teoria Literária na graduação e na pós-graduação em Letras no campus de Araguaína da Universidade Federal do Norte do Tocantins. É coordenadora do Observatório de Leitura do Tocantins e pesquisadora associada da Cátedra Unesco de Leitura e do iiLer — PUC-Rio. Representa a UFNT junto ao sistema prisional e socioeducativo no Tocantins. Foi professora visitante sênior Capes na National University of Ireland, Galway, em 2020.

VALÉRIA PEREIRA · Professora na área de Letras, doutora em Literatura Brasileira pela PUC-Rio, com pós-doutorado em estudos do eixo imagem-formação do leitor (2020); pesquisadora em questões de leitura e interdisciplinaridade, educação, linguagens, escritora de livros infantojuvenis, atuando, hoje, no ensino médio da educação básica da Secretaria de Estado da Educação de Minas Gerais (SEE-MG).

VERA TEIXEIRA DE AGUIAR · Doutora em Letras, área de concentração em Teoria da Literatura, professora titular aposentada da PUC-RS, onde lecionou, nos níveis de graduação, especialização, mestrado e doutorado. Desenvolve pesquisas nas áreas de literatura infantil e juvenil e leitura, salientando o lugar da literatura na vida social e sua interação com outras linguagens. É leitora-votante da Fundação Nacional do Livro Infantil e Juvenil desde 1980, e participa da Cátedra Unesco de Leitura PUC-Rio.

VERA MARIA TIETZMANN SILVA · Doutora em Letras, pesquisadora da Cátedra Unesco de Leitura, docente aposentada da UFG, é autora de *Literatura infantil brasileira: um guia para professores e promotores de leitura* (2008), *Decifra-me ou te devoro!* O mito grego na sala de aula (2017) e *Ler imagens, um aprendizado* (2020), entre outros títulos.

VIVIANE MOREIRA · Mestre em Teologia pela PUC-Rio, responsável pelo Setor de Comunicação do iiLer/Cátedra Unesco de Leitura — PUC-Rio, e editora da Saberes em Diálogo.

AGRADECIMENTOS

Dar graças. Esta é a expressão melhor para – na partilha do pensar o tempo presente, em voz alta – reconhecer a todos que aqui deixam seus nomes, seu modo generoso de dar a ver e ouvir melhor, não sendo lobos. Enquanto lemos, ouvimos muitas vozes, e elas abrem janelas sobre o mundo. Da versão digital, no calor da hora, à esta, revista e impressa, muito devemos aos que delas cuidaram. E gratidão – palavra antiga – seja também aos que lerem, pensarem e agirem delas partindo rumo a uma sociedade em que a leitura não seja rarefeita e haja como oxigenar as relações.

Eliana Yunes, outubro de 2023

semente editorial

Edição e publicação de livros que venham a contribuir
para o bem-estar, alegria e crescimentode todos os seres.

Em respeito ao meio ambiente, as folhas deste livro
foram produzidas com fibras obtidas de florestas plantadas,
com origem certificada. Impresso pela grafica Eskenazy
em outubro de 2023. [1ª edição e 1ª impressão]

Tipologia: Caecilia LT Pro;
papel miolo: Offset 90 g/m²;
Papel capa: Cartão triplex 250 g/m².

www.**sementeeditorial**.com.br
@sementeeditorial